懷著感激和愛

獻給

馬西・傑克遜（Marcy Jackson）和

里克・傑克遜（Rick Jackson）

隱藏的整全

朝向不再分割的生命

帕克·帕爾默 著　陳永財 譯

▼

靈修著作精選

隱藏的整全

朝向不再分割的生命

A Hidden Wholeness

The Journey Toward an Undivided Life

作者

帕克．帕爾默 Parker J. Palmer

譯者

陳永財

責任編輯

羅慧琪

裝幀設計

郭曉勤

■

出版／發行

基道出版社

香港沙田火炭坳背灣街26號富騰工業中心1011室

LOGOS PUBLISHERS

Unit 1011, Fo Tan Ind. Centre, 26 Au Pui Wan St., Shatin, Hong Kong

電話：(852) 2687-0331 傳真：(852) 2687-0281

網址：http://www.logos.com.hk

承印

雅聯印刷有限公司

●

版權所有 • 請勿翻印

© 2012 基道文字事工有限公司

9/2012 初版

Cat. No. LP645

ISBN: 978-962-457-430-2

Original Edition "A Hidden Wholeness:

The Journey Toward an Undivided Life"

Copyright © 2004 by John Wiley & Sons, Inc.

Published by Jossey-Bass, A Wiley Imprint,

989 Market Street, San Francisco, CA 94103-1741 - www.josseybass.com

All Rights Reserved. This translation published under license.

Chinese Edition © 2012 Logos Ministries Limited

ALL RIGHTS RESERVED

Printed in Hong Kong

其他鳴謝置本書頁215至217。

刷次	10	9	8	7	6	5	4	3	2	1
年份	2021	2020	2019	2018	2017	2016	2015	2014	2013	2012

目錄

譯序

帕爾默（Parker J. Palmer）稱為「信任圈」（circle of trust）的貴格會（Quaker）傳統實踐，我最初是在唐慕華（Marva J. Dawn）的著作中看到的。在我翻譯的多本唐慕華著作中，她都提到貴格會的這種實踐，而且和帕爾默一樣，她也提到她生命中好些重要的決定，都是借助信任圈來找出自己應走的路。但唐慕華從來沒有詳細描述信任圈怎樣運作。直到我著手翻譯《隱藏的整全》（*A Hidden Wholeness*）時，才比較全面地認識貴格會這種歷史悠久的實踐。

正如帕爾默在書中指出，信任圈實行的那種溝通方式，例如提出誠實、開放的問題，也可以應用到日常生活中。而且我相信，任何人只要認真留意自己的生活，都會發覺帕爾默說，我們很喜歡給別人意見，嘗試「修正、拯救、勸告、互相糾正」，是十分真實的。我們喜歡顯得「有用」，往往急於將自己的意見強加給別人。父母對子女尤其容易犯這種毛病。但實際上每個人都有內裏的教師，能夠給我們最好的引導。信任圈的功用就是幫助人們聆聽內裏的教師，向它學習。如果在日常生活中，我們可以學習少給別人意見，多幫助別人自行發掘真理，對別人和自己都會有好處。

《隱藏的整全》是帕爾默較後期的著作。與他早期的著作《弔詭的應許》（*The Promise of Paradox*）不同，在這本書中，帕爾默刻意避免使用基督教用語，而是用大眾都看得懂的語言。也正因為這樣，他的著作往往能夠同時吸引基督徒和非基督徒讀者。為了忠於他這種做法，我翻譯這本書時也儘量避免使用基督教辭彙。

在這本書中，帕爾默引用了很多詩歌，翻譯第六章迪金森（Emily Dickinson）的那首詩時，我參考了江楓先生的譯本。其他詩則全部由我自己譯出（編按：除第三章艾略特〔T. S. Eliot〕的詩因版權關係採用上海譯文出版社版本）。我不擅長翻譯詩歌，只能勉為其難，希望至少可以將意思清楚傳達。

翻譯這本書和《弔詭的應許》時，都遇到一些自己解決不了的困難，要發電郵向原作者求助。帕爾默先生兩次都很快給我回覆，解決了我的困難。在此向他致謝。期望這兩本書的中譯能夠將原著的精彩內容清楚地傳達出來，也希望日後會有更多帕爾默著作的中譯面世。

陳永財

感激

這本書綜合了我由二十多歲便開始思考的四個主題：完整生命的模樣、羣體的意義、為了轉化而教導和學習，以及非暴力的社會改變。

過去六本書和四十年的講學證明，我喜歡思考、談論和寫這些事情。但由於我知道文字可能很快脱離人的現實，我更喜歡的是，語言變得有生命之時。幸虧有那些我有幸認識、滿有恩賜的同事和朋友，將這本書中最重要的話體現出來，令我感到十分滿足。

在全國的不同城市，這些同事和朋友創造了一些環境，讓其他人可以加入「朝向『不再分割的生命』的旅程」。這些同事和朋友人數眾多，我不能一一列出他們的名字，但因為他們的關心、能力和獻身，我深懷感激，想指出他們包括甚麼人：

- 費茲研究院（Fetzer Institute）的職員和董事，對於作為這本書的基礎的很多工作，他們都給予支持；
- 教師模塑中心（Center for Teacher Formation）的職員和董事，他們讓教育工作者和很多其他各行各業人士，有機會在他們個人和專業操守上進深；[1]
- 在美國和加拿大曾經參加過中心的協調人預備課程那百多人及人次，學習怎樣形成「信任圈」，讓人們可以踏上內在的旅程，朝向「不再分割」的生命；
- 無數參加這種圓圈的教育工作者、慈善家、醫生、律師、商人、社區組織者、神職人員和其他人士，因為他們知道自己和世界都需要將靈魂（soul）和角色重新連結起來；

- 約斯－巴斯（Jossey-Bass）和約翰威立（John Wiley）兩間出版社的職員，他們積極支持這本書和其他有關的書籍，因為他們相信這本書提倡的工作。

好些人付出特別的努力幫助我和這本書。我將感激和愛獻給他們：

- 馬西．傑克遜（Marcy Jackson）和里克．傑克遜（Rick Jackson）都是教師模塑中心的主任。差不多長達十年，他們在各個地方帶領人建立信任圈，並且是以技巧、耐心、智慧、異象和愛心這樣做。我將這本書獻給他們，為他們了不起的工作而向他們致敬，讓他們再次知道，我多麼珍惜他們的友誼。
- 萊曼（Rob Lehman）是費茲研究院的榮休院長，也是研究院的董事會主席。他有強而有力和持久的異象，相信連結內在和外在生命是十分重要的。如果沒有他的友誼和鼓勵，作為這本書的基礎的很多工作都不可能完成。
- 比奇（Tom Beech）是費茲研究院的現任院長。我們是大學同學，他是我十分珍惜的朋友，他很早便提倡教師模塑中心在本地和全國的工作。從我認識他至今，他都示範了不分割的生命。
- 斯勒伊特（David Sluyter）是費茲研究院的高級顧問，

奧利萬蒂（Mickey Olivanti）是費茲研究院的課程主任。他們在一九九○年代初幫助我推出教師模塑課程，而且一直忠心地給予支持。他們是我的好朋友和同事，他們的信任和相伴對我意義重大。[2]

- 涅波（Mark Nepo）、奇普．伍德（Chip Wood）和約翰遜（Roland Johnson）分別是詩人兼散文家、公立學校校長和律師。他們也是我的好朋友，在旅程中與我結伴。他們細心地閱讀這手稿的不同版本，我很感激他們慷慨的幫助。
- 邦德（Earlene Bond）、福克納（Ann Faulkner）、古丁（Guy Gooding）、瓊斯（Sue Jones）、沙利文（Elaine Sullivan）和塔克（Bill Tucker）是達拉斯縣社區學院區（Dallas County Community College District）的領袖，他們透過社區學院模塑中心（Center for Formation in the Community College）[3]將模塑帶到他們的教育世界。我十分感激他們的友誼和支持。
- 醫學博士利奇（David Leach）是畢業後醫學教育認證委員會（Accreditation Council for Graduate Medical Education）的行政主任，醫學博士伯塔頓（Paul Batalden）是達特茅斯醫學院（Dartmouth Medical School）的兒科和社區及家庭醫藥教授。他們都是轉化醫學教育和健康護理的領袖。他們讓我看到，這本書的主要觀念怎樣對應一個我不大熟悉的專業。我十分珍惜他們的鼓勵和友誼。[4]
- 富勒頓（Sheryl Fullerton）是我的編輯。她很擅長書籍製作和營銷，深諳這門難懂的工藝。她也是我珍惜的朋友，知道我在甚麼時候需要安慰，甚麼時候需要挑戰。我感謝她以及她在約斯－巴斯和約翰威立的能幹的同事，他們努力令這本書得以面世。這些同事包括：富拉格（Joanne Clapp Fullagar）、戈爾茨坦（Paula Goldstein）、馬達范（Chandrika Madhavan）、西格勒（Sandy Siegle）和埃默（Bruce Emmer）。

- 莎朗．帕爾默（Sharon Palmer）是我最好的朋友、我最信任的批評家，也是我的愛人。無論我寫甚麼，她都是第一個讀者，而由於我要丟掉二十頁紙，才能夠保留一頁文字，所以她需要閱讀很多材料。我問她在編輯時找尋甚麼時，她以三個問題回答我：是否值得閱讀？是否表達得清楚？是否表達得優美？這應該可以解釋，為甚麼我將文字丟掉的比率那麼高，以及為甚麼我需要不斷修改我的作品。
- 我們很感激莉莉基金會（Lilly Endowment, Inc.）慷慨支持製作這本組長指南和有關「信任圈」的光碟。（編按：中文版不包括指南及光碟）

ꙮ

二十年前的一個夏天，在英國教學期間，我在劍橋一間書店拿起一本薄薄的詩集，裏面收錄了托馬斯（D.M. Thomas）一首令我印象深刻的小詩〈石頭〉（“Stone”）。我將那首詩抄下來，放在公事包裏，今天仍然保留著它。托馬斯思考「詩人」一生中寫過的書籍的名稱，然後這樣結束：

還有第七本書，或許是第七本，
它稱為第七本書，因為它沒有出版，
那本書是一個孩子以為自己本來可以寫成的，
以最堅硬的石頭和最清晰的葉子製成，
是一個民族賴以生存，並使之生存的。[5]

從第一次閱讀〈石頭〉那刻開始，我便感到它包含了給我的信息。去年，我突然發覺《隱藏的整全》會是我第七本書時，便開始想到，那給我的信息會否是我不應該出版這本書！一些批評家可能想我這樣決定，但我明顯沒有這樣做。

我認為〈石頭〉向我談及盼望，推動我寫作四十年的盼望——盼望找到言語，是可能給別人生命的。我不知道這本書的話能否實現這個盼望。但我知道作為這本書的基礎的工作——這工作將人們聚集在一起，重新發現和重尋他們的整全——給我的生命，是我從事的所有其他職業都不能相比的。願這本書讓更多人好像我那樣得益——從歡迎靈魂的羣體那賜生命並醫治世界的力量中得益。

註釋：

1. 關於這些機會的資料，瀏覽http://www.teacherformation.org，

點擊《隱藏的整全》的讀者那一欄。

2. 有關費茲研究院的進一步資料，參http://www.fetzer.org.。

3. 有關社區學院模塑中心的進一步資料，參http://www.league.org/league/Projects/formation/index.htm.。

4. 有關畢業後醫學教育認證委員會的進一步資料，參http://www.acgme.org，並點擊「獎勵計劃」（“Award Program”）。

5. D.M. Thomas, “Stone,” in John Wain, ed., *Anthology of Contemporary Poetry: Post-War to the Present* (London: Hutchinson, 1979), 27.

引子：世界的暴風雪

世界的暴風雪
越過了界限
並顛覆了
靈魂的秩序。

——科恩（Leonard Cohen）[1]

以前大平原（Great Plains）上的農夫，在最初看見暴風雪時，會從後門拉一條繩到穀倉。他們都聽過一些故事，講述有些人仍然留在後院時，因為四周一片白濛濛而看不見自己的家，終於迷了路，最後凍死。

今天我們活在另一種暴風雪中。它以經濟不公義、生態遭破壞、身體和靈性的暴力，以及它們無可避免的後果——戰爭，在我們四周盤繞。它以恐懼和瘋狂、貪婪和欺詐，以及對別人的苦難無動於中，在我們裏面盤繞。我們都聽過一些故事，講述一些人迷失落入這瘋狂中，與自己的靈魂（soul）割裂了，失去了道德方向，甚至失去他們會朽壞的生命：他們成為報章頭條，因為他們令很多無辜的人與他們一起沉淪。

迷失的人來自各行各業，包括神職人員和大機構的行政人員，政治人物和街上的普通人，名人和學童。我們有些人擔心自己或自己所愛的人會迷失在風暴中。有些人現在已經迷失了，正在尋找回家的路。有些人迷失了也不自知。有些人則利用暴風雪作為掩飾，為了私利而犬儒地渾水摸魚。

因此我們很容易就相信詩人說的，「世界的暴風雪」顛覆了「靈魂的秩序」，很容易相信靈魂——那人類自我中維持生命的核心，會渴望真理（truth；編按：這詞於本書內可指事實的陳述〔true statement〕或實在〔reality〕，可譯作「真理」或「真相」，本書統一譯作「真理」）和公義，愛和饒恕的——已經失去引導我們生命的所有力量。

但我自己對暴風雪的經驗，包括我不願意承認的、多次在其中迷失的經驗，告訴我事實並非如此。靈魂的秩序永遠不能被破壞。它可能因為一片白濛濛而被掩蓋。我們可能忘記、否認引導它的就近在咫尺。但我們仍然在靈魂的後院，一再有機會重尋方向。

這本書是關於在後門拉一條繩到穀倉，讓我們可以再次找到回家的路。我們瞥見靈魂時，可以安然度過暴風雪，而不會失去盼望，也不會看不見前路。我們瞥見靈魂時，我們在風暴的暴力中蒙召回到我們「隱藏的整全」，可以在受傷的世界——包括在家庭、社區、職場和在政治生涯中——成為醫治者。

註釋：

1. Leonard Cohen, "The Future" © 1992 by Sony Music Entertainment, Inc.

第一章

整全的意象

「不再分割地」生活

細葉松…… 不是可供採伐的樹木，也不會經常在選美中勝出。但對我來說，這勇敢的老樹，獨自屹立於岩石之上，它那種美，是猶如有生命的物體能夠企及的……它的形狀，與天空映襯著，形成的書法，有力地寫下品格和堅毅，安然度過風吹、旱災、寒冷、暑熱、疾病…… 在沉默中，它談及……整全…… 源自成為真正自己的正直。

——道格拉斯・伍德（Douglas Wood）[1]

進入曠野

每年夏天，我都會去邦德里河（Boundary Waters），那是沿著明尼蘇達－安大略（Minnesota-Ontario）邊界、廣達一百萬畝的原始荒野。多年前，我第一次到那裏時，純粹為了度假。但隨著我一再回到這個清水、石頭、樹林和天空的原始世界，假期對我來說，感覺更像朝聖——由靈性的需要驅使，每年長途跋涉去到聖地。那裏有很多細葉松自然地生長。道格拉斯．伍德對這種樹木的默想，指出我北上尋找的東西：整全地活著時，生命呈現的意象。

梅頓（Thomas Merton）說：「在萬物裏面都有……隱藏的整全。」[2] 但回到人類世界——我們不如細葉松那樣敢於流露自我的地方，梅頓的話有時似乎只是一廂情願的想法。我們害怕自己內裏的光會熄滅，或者內裏的黑暗會被揭露，於是彼此隱藏自己的真正身分。在過程中，我們與自己的靈魂分離。結果，我們過著分割的生活，遠離我們裏面保有的真理，以致我們不能認識「源自成為真正自己的正直〔integrity；編按：亦可譯作完整〕」。

我對分割的生命的認識，最初來自個人的經驗：我渴望整全，但分割往往似乎是更容易的選擇。一個「安靜、微小」的聲音，說出關於我、我的工作或世界的真理。我聽到這聲音，但卻彷彿聽而不聞那樣行動。我沒有發揮某種本來可以帶來好結果的個人恩賜，或我投身於自己並不真正相信的計劃。我對自己應該處理的問題保持沉默，或者主動放棄自己的一個信念。我否認自己內裏的黑暗，讓它更有能力影響我，或者我將這黑暗投射到別人那裏，在「敵人」不存在時製造敵人。

我分割地生活時，付出很大的代價——感到自己不誠實，擔心被人揭發，因為自己否定自我這事實而感到沮喪。我周圍的人也要付代價，因為他們走在其上的土地，由於我的分割而變得不穩固。我連自己的身分也否定時，又怎能肯定別人的身分？我連自己的正直也藐視時，又怎能信任別人的正直？我生命中間有一條裂痕貫穿，每當它裂開——令我的言語和行動跟我裏面所持的真理脱離——我周圍的事物便會搖搖欲墜，開始解體。

但在北方，在荒野，我感受到隱藏「在萬物中」的整全。在野醬果的美味裏，松樹沐浴在陽光下的芬芳中，北極光的景色裏，海水拍岸的聲音中，這些基本的正直的記號，是永恆而且無可置疑的。當我回到短暫和充滿懷疑的人類世界，對隱藏在自己和別人裏面的整全，我有新的看法，也有一顆新心，甚至可以愛我們的不完美。

事實上，那荒野不斷提醒我，整全與完美無關。一九九九年七月四日，為時二十分鐘、強度有如颶風的強風摧毀了邦德里河一帶二千萬棵樹木。[3] 一個月後，我北上周年朝聖時，我因為那滿目瘡痍而心碎，並懷疑自己是否想再回去。但此後每次到訪，我都驚訝於大自然怎樣利用破壞來刺激新的生長，緩慢但持續地醫治本身的創傷。

整全並不表示完美；它表示接受破碎為生命固有的部分。明白這點給我盼望，相信人類的整全——我的、你的、我們的——不需要是烏托邦式的夢想，只要我們可以利用破壞作為新生命的苗圃。

超越道德

分割的生命有多種不同形式。我只舉幾個例子，我們的生命就是這樣，當……

- 我們拒絕投入工作，令它的質素下降，令自己與那工作應該服事的人疏遠。
- 我們藉以謀生的工作違反我們基本的價值觀，即使我們為求生存並不絕對需要這樣做。
- 我們留在將我們的靈（spirits）逐漸毀掉的一些環境或關係中。
- 我們藏著祕密，為了個人利益而損害別人。
- 我們不向與我們意見不同的人透露自己的信念，藉以避免衝突、挑戰和改變。
- 我們隱藏自己的真正身分，因為我們害怕被批評、迴避或攻擊。

分割是個人的病癥，但它很快也成為其他人的問題。教師以講台和權力為掩飾，敷衍了事，分割便成為學生的問題。醫生躲藏在自我保護的科學面具背後，漠不關心地給予治療時，分割便成為病人的問題。主管只是一味按章工作時，分割便成為雇員的問題。政治領袖說話居心叵測時，分割便成為公民的問題。

我寫到這裏時，媒體上充斥著很多新聞，是關於某些人的分割已經變得聲名狼藉的。其中一些人，他們在安然（Enron）、阿瑟．安達信（Arthur Andersen）、美林（Merrill Lynch）、世界通訊（WorldCom）和羅馬天主教會工作。這些人肯定聽到一個內裏的號召，呼召他們整全。但他們脫離了自己的靈魂，出賣了公民、股東和信徒的信任，在過程中令我們的民主、我們的經濟，以及我們的宗教機構不再那麼值得信任。

這些特定的故事很快會從報章頭版消失，但關於分割的生命的故事，永遠都是新聞。它的戲劇是持久不息的，它的社會代價也十分巨大。詩人魯米（Rumi）在八百年前全然坦率地說：「若你不忠實地與我們在一起／會帶來可怕的破壞。」[4]

我們應該怎樣理解分割的生命的病癥？如果我們視它為需要解決的困難，藉著「提高道德水平」，互相勸誡要彼此提高水準，對不達標的人施予更嚴厲的懲罰；我們可能會在短時間感到自己品格高尚，但卻不會從問題的根源著手處理。

歸根究柢，分割的生命不是道德的失敗，而是人類整全的失敗。輕視病人的醫生，向選民說謊的政客，騙取退休人士積蓄的行政人員，傷害兒童的神職人員——他們大都不缺倫理知識或信念。他們大概也上過職業道德的課程，很可能還得到很好的成績。他們就倫理問題發表演說和講道，很可能也相信自己所說的話。但他們有一種十分純熟的習慣，令自己的知識和信念跟自己的實際生活有一段距離。

我寫到這裏時，一則新聞很好地說明這種習慣。一間生物工程公司的前行政總裁要女兒和年老的父親替自己掩飾，令他們在法律上也受到牽連，之後這名前行政總裁因為內幕交易罪名成立，被判處七年監禁。有人問他犯法時心裏想著甚麼。他說：「我可以坐著……想著我是有史以來最誠實的行政總裁，同時又……不誠實地做一些〔錯〕事，並將這些錯事合理化。」[5]

那些話由一個擅長「分門別類」(compartmentalizing)的人說出。很多種工作都十分重視這種技巧，但它骨子裏只是一個在英文有六個音節的名稱，用來指分割的生命。我們很少人的命運好像這個人那樣，但很多人都已經擁有這個人的專長。我們在學校培養這種能力，在那裏倫理學好像大部分學科一樣，教導的方式往往不觸及我們內在的生命。

在青少年和青年時期，我們學懂自我認識對在職場上取得成功沒有多大用處。重要的是「客觀知識」，這些知識給我們力量操控世界。在這個處境下教導的倫理學，成了另一個對偉大思想家和他們思想的不切身的學習，成了另一個收集資料卻沒有啟發我們心靈的練習。

我當然重視道德標準。但在好像我們這樣的文化——貶低或輕視內在生命的實在和力量——道德往往變成外在的行為守則，人們要我們跟從的一套客觀規則，是一個道德外殼，我們希望穿上後能夠支撐起自己。關於外殼的問題十分簡單：我們可以輕易將它脫下，就好像我們可以輕易將它穿上一樣。

我也重視正直。但這個詞語遠遠不單指遵守道德守則：它表示「完全、圓滿、不破碎的狀態或質素」，正如在**整數**（integer）和**整體**（integral）中。更深刻的是，正直表示一些東西——例如細葉松或人的自我——處於「對應它原本的狀況，沒有受損、純粹或真實的狀態」。[6]

我們明白正直是甚麼時，便不再糾纏於行為守則，而會開始走向整全這要求更高的旅程。然後我們便學會默里（John Middleton Murry）那句話的真理。他說：「好〔人〕明白整全比做好人更好，就是走進一條艱難狹窄的小徑，而他們以前的公正，與這條小徑相比，只是虛飾的放縱。」[7]

「不再分割地」生活

就我所知，「獨自屹立於岩石之上」的細葉松是其中一個最可愛的景象。但更可愛的是，看見完全正直的男女繼續站穩。談及帕克斯（Rosa Parks）或曼德拉（Nelson Mandela）這樣的名字，或者只有你滿懷感激的心才認識的其他名字，你便會瞥見那種美，是人們拒絕過分割的生活時散發出來的。

當然，細葉松比人類更容易變得整全：*Pinus banksia*（譯按：北美細葉松的學名）不懂得自尋煩惱！我們人類受到咒詛，有幸地擁有意識和選擇，這把兩刃的利劍，既使我們分割，又幫助我們變得整全。選擇整全聽起來好像好東西，但這種選擇原來是冒險的事情，會以某些方式令我們脆弱，是我們寧可避免的。

我寫這本書時，《時代週刊》（*Time*）出版了二〇〇二年的最後一期，選了科佩（Cynthia Cooper）、羅利（Coleen Rowley）和沃特金斯（Sherron Watkins）為「年度人物」。[8] 她們分別因為勇敢面對世界通訊、聯邦調查局（FBI）和安然的貪污事件而受到推崇，因為她們將良心轉向「不分割地」生活。她們將自己內在的真理帶到外面的世界，重拾她們個人的整全，幫助我們的社會重拾它本身的一些整全。

可惜這種勇氣得不到普遍的欣賞。沃特金斯在安然的一些前同事咒罵她，他們相信如果她保持沉默，他們便可以保住公司和自己的飯碗。[9] 由於很多證據都顯示安然已經成了一個龐大的騙局，所以與其說這些人的批評告訴我們甚麼是良好的商業計劃，倒不如說那告訴我們正直可以多麼不受歡迎。世界通訊的科佩說：「我需要付代價。有時我真的泣不成聲。」[10]

在圍繞我們的資訊洪流中，科佩、羅利和沃特金斯的故事很快會被沖走。但我不得不懷疑，我們的問題是資訊過多嗎？還是我們**想**忘記這三個人怎樣向真實世界見證，可以過不分割的生活？這三個平凡人拒絕活在謊言中，表示我們其他人也可以這樣做——只要我們願意接受變得整全的挑戰。

但我們不能單獨接受這個挑戰，至少不能長期這樣做。我們需要可靠的關係，牢固的支持羣體，才能夠繼續走在朝向不分割的生命的旅途上。這旅程肯定有孤獨的路段，但要在沒有別人幫助下走這旅程，實在太艱辛了。而且由於我們很有能力自欺，如果沒有外人糾正，我們在途中無可避免會迷路。

過去多年，由於我自己對羣體的需要，令我與別人合作，創造一些環境讓人們在那裏彼此鼓勵，「將靈魂和角色重新連結起來」。其中一個結果是，一個為公立學校教育工作者而設的全國性退修計劃。這些教育工作者的個人和專業操守每天都面對威脅；如果不處理這些威脅，便會危害到我們的兒童。[11]

人們將這計劃的消息傳開後，其他領域的人，包括父母和政治人物、神職人員和醫生、社區組織者和企業行政人員、青年工作者和律師，都開始問他們可以從哪裏得到類似的幫助。為回應他們，這個計劃給擴展到幫助各行各業的人，讓他們在世上更全面地活得正直。[12]

因此，這本書不是有待應用的理論。這裏探討的原則和實踐都已經得到證實，實際地應用出來。現在這些原則和實踐尋求更廣泛的使用，只要人們想過不分割的生活，連結到世界的需要。這本書的上半部探討我們分割的來源，以及「不再分割地」生活的號召。下半部提供指引，讓我們創造一些環境，幫助人在走向不分割的生命這旅程中彼此支持：

- 第二章診斷分割的生命，檢視它對個人和社會的後果，並講述一些故事，顯示從幼兒到成年，正直是怎樣的。

- 第三章列出證據支持這個宣稱：我們是帶著靈魂或真我來到世界的；並研究我們忽略、拒絕或接受我們自己的真理時，有甚麼事情發生。
- 第四章探討一個弔詭：在走向連結靈魂和角色的孤獨旅程上，我們需要關係，那是一種罕有但真實的羣體形式，我稱之為「信任圈」（“circle of trust”）。
- 第五章指出，如果在羣體中的那內在旅程要帶我們去值得去的地方，需要有甚麼準備。
- 第六、七、八、九章詳細描述一些必須的實踐，在我們之間創造空間，讓靈魂感到安全，願意出現，對我們的生命提出要求。
- 第十章提出，這本書探討的原則和實踐，可以幫助我們在日常生活中踏上非暴力的道路。我們在這世界存在時，可以學習以尊重靈魂和賦予生命的方式，回應這個時代不斷增加的暴力嗎？答案會決定很多事情。

註釋：

1. Douglas Wood, *Fawn Island* (Minneapolis, MN: University of Minnesota Press, 2001), 3~4.
2. Thomas Merton, “Hagia Sophia,” in Thomas P. McDonnell, ed., *A Thomas Merton Reader* (New York, NY: Image/Doubleday, 1974, 1989), 506.
3. U.S. Department of Agriculture, *A Changing Forest* (Washington, D.C.: Government Printing Office, 2001).

4. Rumi, " Forget Your Life, " in Stephen Mitchell, ed., *The Enlightened Heart* (New York, NY: HarperCollins, 1989), 56.

5. Sam Waksal, interview with Steve Kroft, *60 Minutes*, CBS News, Oct. 6, 2003. 參http://www.cbsnews.com/stories/2003/10/02/60minutes/main576328.shtml。

6. Noah Porter, ed., *Webster's Revised Unabridged Dictionary* (Springfield, MA: Merriam, 1913), 774.

7. John Middleton Murry, quoted in M.C. Richards, *Centering* (Middleton, CT: Wesleyan University Press, 1989), epigraph.

8. " Persons of the Year, " *Time*, Dec. 30, 2002~Jan. 6, 2003, 30ff.

9. " Persons of the Year, " *Time*, Dec. 30, 2002~Jan. 6, 2003, 33.

10. " Persons of the Year, " *Time*, Dec. 30, 2002~Jan. 6, 2003, 33.

11. 關於為公立學校教育工作者而設的課程，進一步資料參http://www.teacherformation.org。

12. 關於擴展課程的進一步資料，參http://www.teacherformation.org，並點擊《隱藏的整全》的讀者那一欄。

第二章

跨越巨大的分割
將靈魂和角色重新連結

猶如喜悅那翱翔的能量曾載你
飛越童年黑暗的深淵，
現在，在你生命以外，築起了
非想像的偉大拱橋。

——里爾克（Rainer Maria Rilke）[1]

一個孩子的祕密生活

以分割的生活來保護自己的這種本能，在我們年幼時浮現，那時我們開始看到生命光明的承諾，和陰暗的現實之間的鴻溝。但在孩提時代，我們可以乘著「喜悅那翱翔的能量」越過那些「黑暗的深淵」，從而對付它們。這是每個孩子的天賦。

這能量來自靈魂——純粹存有的核心，兒童與它十分接近——正如詩人魯米說：「在這裏是為了本身的喜樂。」[2] 年青人即使面對很大的艱難，也往往表現出那種了不起的復原能力，這種能力來自這個稱為靈魂的地方。我們很多人在童年都有「祕密生活」，而靈魂給這生活活力，藉以保護我們脆弱的自我身分，免受世界威脅。

我自己的祕密生活始於小學五六年級的時候。在學校時，我想投入校園生活，人們認識的我是開朗和自信的。我很容易交朋友，知道怎樣引人發笑，上課時經常舉手答問題，獲選為某種主席的次數，比羅斯福（Franklin Delano Roosevelt）獲選總統的次數還要多。雖然我帶籃球到前場時一定會跌倒，但我的笨拙對我有利，這減低我對其他男孩的威脅，也引發女孩的母性。

但沒有人知道我的公共角色令我多麼焦慮。下課後，我不與朋友一起，而是躲在睡房裏。我關上門，與外面的世界隔絕，閱讀故事，砌模型飛機，或者沉浸在收音機歷險系列故事的奇幻境界中。我的房間是修道院的單人小室，在那裏我可以成為自己感到最自在的人——內省和想像的人，與我在學校十分焦慮地扮演的那個外向的人十分不同。

這個故事的細節只屬於我自己，但歸根究柢，它是我認識的大部分人的故事。我們走在由幼年到青少年的上坡路時，仍然接近我們的來源，能夠接觸內在的真理，但卻留意到有愈來愈大的壓力，要扮演「外面」的某個人——這時真我開始感受到威脅。我們建立兒童版本的分割生命，藉以應付那威脅，每天在角色的公共世界，和靈魂的隱藏世界之間來往。

當然，兒童的祕密生活成為一些出色文學作品的靈感來源。在魯益師（C.S. Lewis）的經典著作《納尼亞傳奇》（*Chronicles of Narnia*）中，我們讀到一個魔衣櫥，年輕的彼得（Peter）、蘇珊（Susan）、埃德蒙（Edmund）和露絲（Lucy）透過它由英國鄉郊單調乏味的生活，進入一個平行的宇宙。在那裏有光明和陰暗，有奧祕和道德要求，他們要面對內在旅程那些驚人和令人振奮的挑戰。[3] 我從沒有懷疑納尼亞故事的真實——那個魔衣櫥也在我睡房中！

但我們由文學轉向生命時，童年這誘人的特點便很快消失，由成年的病態取代。外在世界變得要求更高時——今天它在早得離譜的年紀開始壓迫兒童——我們不再去到自己的房間，關上門，走進衣櫥，進入靈魂的世界。我們愈接近成年，便愈扼殺那旅程要求的想像力。為甚麼？因為想像我們生命有其他可能性，會提醒我們，我們最真實的自己，跟我們在所謂真實世界中所扮演的角色之間，隔著令人痛苦的鴻溝。

在那個世界中，我們對成功，或至少對生存愈發著迷時，便愈發與我們的靈魂失去聯繫，迷失在我們的角色中。本來孩子在放學後藏著無傷大雅的祕密，現在卻變成了戴著面具，穿著盔甲的成人——自己、別人和整個世界都為此付出很大代價。這個代價可以以很多人都熟悉的方式給臚列出來：

- 我們感到生命中缺少了一些東西，在世界裏尋找它，卻不明白失去的是我們自己。
- 我們感到自己虛假不實，甚至好像隱形，因為我們不以真面目在世界存在。
- 我們裏面的光不能照亮世界的黑暗。
- 我們裏面的黑暗不能被世界的光照亮。
- 我們將自己內在的黑暗投射到別人身上，令他們成為「敵人」，令世界成為更危險的地方。
- 我們的不真實和投射，令真正的關係無法建立，帶來孤獨。
- 我們對世界的貢獻——特別是透過我們所做的工作——遭奸詐污染，也失去真我那賦予生命的能量。

這些都不是活得好的生命的標記。但它們在我們當中十分普遍，部分原因是分割把它們製造出來，而分割受到流行文化大力推崇。「不要袒露你的內心」和「要收起你的底牌」只是兩個例子，顯示我們從小受到教導，以為「戴著面具，穿著盔甲」是安全和理智的生活方式。

但我們的文化是倒退的。事實是我們在彼此身上愈看到分割，愈感到不安全和不理智。每天我們與家人、朋友、同伴和陌生人交往時，都問自己：「我們看到甚麼就是甚麼？」而所有這些人也問這個關於我們的問題！對外表和內裏的真實之間在多大程度上一致存謹慎的態度，是我們這物種在充滿危險的世界追求安全的其中一種最古老的方式。

「這個人的內裏和他或她外表顯示的一樣嗎？」兒童就父母提出這個問題，學生就老師提出這個問題，雇員就主管提出這個問題，病人就醫生提出這個問題，公民就政治領袖提出這個問題。如果答案是肯定的話，我們便鬆一口氣，相信自己面對著正直，感到有保障，可以投資在關係和圍繞那關係的一切事。

但如果答案是否定的話，我們便提高警覺。我們不知道自己在應付誰或甚麼，感到不安全，躲入心理的散兵坑，不投資自己的能量、承諾和天賦。學生拒絕冒學習裏涉及的風險，雇員不用心工作，病人不與醫生合作令自己得醫治，公民不參與政治過程。人們看到內在和外在的不一致——我們感到別人裏面，或者別人感到我們裏面的不真實——不斷削弱我們的士氣、我們的關係，和我們做好工作的能力。

因此，原來「戴著面具，穿著盔甲」**不是**安全和理智的生活方式。如果我們的角色更深地由我們靈魂中的真理所賦予，理智和安全的普遍水平會大大提高。如果老師與學生分享自己的身分，會比從一道牆後面將仿真的陳述拋給他們更有效。如果主管以個人的真誠來領導，他會比根據規章領導更能引發下屬有好的表現。如果醫生在自己的工作中投入自我，會比與病人保持距離更能夠醫治他們。如果政治人物在領導時有個人的正直，可以幫助我們重新尋回那種威信，將真正的民主從廉價的模仿中區分出來。

成為整全的成人

分割的生命可能是普遍的，但整全總是一個選擇。我一旦看見自己的分割，我會繼續活在矛盾中，還是嘗試令自己內在和外在的世界恢復和諧？

「整全」明顯是好的，因此答案似乎十分清楚。但正如我們都知道，事實並非如此。我們一再不選擇整全，落入熟悉的規避模式：

- 首先是否認：我看到的有關自己的情況，肯定不是真實的！
- 接著是推諉：內在的聲音溫柔地說話，而真理是隱晦、難以捉摸的東西，我又怎能夠肯定自己的靈魂在說甚麼？
- 然後是恐懼：如果我讓內在的聲音指揮我生命的模樣，在有時會讓真誠遭受懲罰的世界，我需要付上甚麼代價？
- 繼而是怯懦：分割的生命可能具破壞性，但至少我認識那領域，而在那裏以外，卻是未知的領域（*terra*

incognita）。

- 最後是貪婪：在某些情況下，我因為願意扼殺自己的靈魂而得到獎勵。

這個自我規避的模式是有力和持久的。但這裏有一個真實世界的故事，是關於一個人有勇氣衝破這個模式，擁抱自己的真理。

這個故事發生在我為大約二十位官員主持退修會的時候；他們來自華盛頓（Wastinghon, D.C.），獲選並得到委任成為官員。他們都因為受到公共服務的道德標準感召而加入政府，也都經歷了他們的價值觀和權力政治之間的痛苦衝突，全都想在走向「不再分割」的旅程中得到支持。

其中一個參加者在艾奧瓦州（Iowa）東北部耕種了二十五年後，在美國農業部（Department of Agriculture）工作了十年。當時他桌上放著一個與保存中西部表土層有關的提案，那時由於農業活動重視短期利益多於良好的土壤，表土層正迅速損耗。他不斷說，他那顆「農夫的心」知道怎樣處理那個提案。但他的政治本能警告他，跟從他的心會帶來嚴重麻煩，包括來自他直屬上司的麻煩。

在我們聚會的最後一個上午，這個前任農夫雙眼顯得昏花，他告訴我們，經過無眠的一夜後，他知道回到辦公室時，他需要跟從自己那顆農夫的心。

經過一段深思的沉默後，有人問他：「你的上司會反對你想做的事，你會怎樣應付他？」

這個本來是農夫的官員說：「那不會容易。但在這次退修中，我記起一些重要的事情：我不是向我上司負責，而是向土地負責。」

由於這個故事是真實的，我不能給它一個童話般的結局。我不知道這個人回到工作崗位時，是否真的如他所說的去做；到他回到家裏時，他的決心可能已經軟化。即使他仍然堅定，但中西部農田的表土層仍然未得到拯救；政策過程實在太複雜，不能因為一個人真誠的一刻而轉變。這個前農夫踏上了朝聖旅程，進入人心的曠野，我不能斷言他的朝聖旅程解決了他自己或表土層的問題，正如我到邦德里河朝聖不能解決我自己或世界的問題一樣。

但我**可以**斷言的是：每次我們接觸我們裏面的真理源頭，所有相關方面在道德上都有淨得益。即使我們不能完全依從這源頭的引導，我們也推進，朝那個方向多走一步。下次我們面對內在真理和外在現實的衝突時，便更難忘記或否認我們有內裏的教師，這位教師想對我們的生命提出要求。

我們裏面有這分覺醒後，我們便參與個人和社會改變的潛力，天鵝絨革命（Velvet Revolution）的發動者，尋求政治正直的捷克前總統哈維爾（Vaclav Havel）説，這種潛力「隱藏在整個社會中」。哈維爾寫道，這種潛力，「在每個活在謊言中，並在任何時刻都可能……被真理的力量擊中的人」裏面都可以找到。[4]

分割的生命是受傷的生命，靈魂不斷呼喚我們醫治那傷口。如果我們不理會那呼喚，我們會發覺自己嘗試以令人麻醉的選擇消除那痛苦，無論那選擇是濫用藥物、工作過度、消費主義或愚蠢的媒體噪音。在一個想我們分割並察覺不到自己的痛苦的社會中，這些麻醉很容易得到，因為分割的生命對個人來説雖然是病態，但卻可以很好地為社會系統服務，特別是社會系統中那些在道德上不可信的功能。

那個前農夫遠離自己的靈魂時，他的部門要向農業貿易的説客負責，比向土地負責更容易。但當他，或我們任何人，將靈魂和角色重新連結時，我們在其中工作的機構會發覺，要掠奪另一個生態系統，藉以滿足企業的貪婪；或者再遣散一萬名貧苦勞工，藉以儘量增加富有者的利潤；或者通過另一個福利「改革」，令單親母親和他們的孩子的景況更糟；都會變得困難一點。

當然，如果這個前農夫開始「向土地負責」，他在主管眼中可能變成沒有那麼可取的雇員。主管可能要他再次跟從大隊，否則他會失去權力，甚至失去工作；我們知道建制會懲罰那些過整全生活的人。

沒有人想因為過不分割的生活而受到懲罰。但沒有甚麼痛苦比終生活在謊言中的痛苦更大。我們更接近在我們裏面的真理，察覺到最終，最重要的是知道我們忠於自己時，建制便開始失去它們對我們生命的影響力。

這並非表示我們必須放棄建制。事實上，我們根據靈魂的命令生活時，會得到勇氣，更忠心地為建制服務，幫助它們抵抗不履行本身使命的傾向。如果那個前農夫根據自己那顆「農夫的心」行動，他並沒有違背自己對建制的責任，而且是更忠誠地接受這責任，幫助號召他的部門回復本身更高的目的。

重新連結靈魂和角色並不是容易的事情。詩人里爾克在這章開頭的那節詩寫到，童年的「喜悅那翱翔的能量」，他在同一首詩最後一節寫到對成年的要求：

運用你實踐出來的能力，擴展它們
直到它們跨越兩種矛盾間的
鴻溝……因為神
想認識祂在你裏面的自己。[5]

成年時過整合的生活，比恢復童年時在兩個世界之間來往的能力困難得多。身為成年人，我們必須實現複雜的整合，是能夠跨越內在和外在現實之間的矛盾，同時支持個人正直和大眾的好處。不，這絕對不是容易的工作。但正如里爾克提出的，藉著這樣做，我們將我們裏面神聖的東西獻給世界的生命。

虛假的羣體

分割的自我怎樣變得整全？在我們講求實用的文化中，關於「怎樣做」的問題十分常見，這些問題往往引發的機械式回答也十分常見：「這是一個包括十個步驟的計劃，你可以在自己家裏，或者在由甘迺迪機場到洛杉磯機場的航班上，不受干擾地進行，藉以實現不分割的生命！做這些練習，你的生命便會得到轉化！」

當然，這種解決方法是騙人的萬靈丹。那種快速解決的心態，主導我們這個不耐煩的世界，只會令我們從走向整全這終生的旅程中偏離。在我們這個時代甚麼流行的自助方法，其中最好的那些能夠在那旅程中給我們支持，但有時卻強化我們那個美國人的大幻象，以為我們永遠可以單打獨鬥。

當然，獨處對個人整合是不可或缺的：在我們生命的土地上，有些地方是沒有人可以陪伴我們的。但由於我們是羣體的動物，需要彼此的支持；也由於任由我們自行其是的話，我們有無窮的力量專注於自我和自欺，所以羣體對將靈魂和角色重新連結同樣是不可或缺的。

這個前農夫的故事說明了這點。很明顯，他的旅程有獨處的一面。多個星期以來，他都私下思量自己的問題，他的突破在一個無眠晚上的深處出現，那是我們所知，其中一個最單獨自處的時刻。但如果沒有在那次退修中圍繞他的那種羣體，他可能不會有那個突破：要避免無止境地在圍繞他的困境裏面打轉，他需要其他人在場，令他可以讓自己的靈魂說話。

我稱這種知道怎樣歡迎靈魂，幫助我們聆聽靈魂的羣體為「信任圈」。[6]

圍圈聚集是一種古老的實踐，在我們這個時代重新得到採用。我們有改進溝通的對話圈，處理危機的解決衝突圈，探討我們情感的治療圈，整理艱難問題的解決困難圈，為共同的事業打氣的團隊建立圈，深化我們的教育的合作學習圈。這一切都有值得追求的目的，但沒有一個有信任圈那獨一的意圖，也就是營造安全的環境，讓靈魂顯明出來，為我們提供指引。

事實上，有些圓圈對靈魂根本不安全。我在一九六〇年代在柏克萊（Berkeley）大學讀研究院時，艱難地學懂這點。和那個時代很多年青的美國人一樣，我在學習關於內在生命的事情，希望以它的能力影響多種社會問題。在過程中，我發覺自己有時和一些人圍圈坐著，一起探討各種觀念，計劃革命，進行業餘的小組治療，或者將這三者混合起來。

最初，這些聚會令我著迷。我在禁慾的一九五〇年代成長，那時我們總是一行一行地坐著。因此我發覺柏克萊的圓圈奇異、給人活力、令人振奮。但我的著迷很快便消失了。有些圓圈沒完沒了，不能帶領我們做甚麼對世界有用的事情。有些則只是偽裝演習的敬虔，實質上只是自戀和沾沾自喜。有些對人類根本不安全，參加者受到操控，有時更被小組侵犯。

並非所有圓圈都尊重靈魂，有些甚至侮辱和侵襲它。例如，我想到一九六〇年代興起的所謂T小組（譯按：一羣人藉著互動，學習關於人類行為的事情）或交心心理治療小組（encounter group）。這些圓圈的基本規則是，每個參加者「透露自己此刻對小組中其他人有甚麼感覺，並徵求別人對自己的回應」。[7]

實行這規則可能引發人坦率表現情感。但這種坦率在人們發覺「當下」的感覺可以是多麼短暫和不可靠時，往往會令他們後悔。有時引發即時的情感可能帶來幫助。但T小組即使在最好時，也不歡迎靈魂。靈魂並不信任衝突，因為靈魂的互動方式比短暫的感覺深刻得多。

今天仍然可以找到將靈魂嚇跑的圓圈，而且它們不單在反主流文化的殘餘中，也在我們主流建制的核心裏。我曾經與一個行政人員談話。他的公司在《財富雜誌》(*Fortune*)榜頭五百位。這間公司嘗試改變企業的文化。這個人說，他的公司一直在「壓縮架構」，希望改進工作。公司將辦公室牆上顯示各級權力的圖表拆下。現在再沒有金字塔式圖表，而是一些圓圈，管理部門的職員和工廠的職員一起分享資料，找出問題所在，一起作決定。

但這個行政人員和他的一些同事開始明白，很多參與這些「平等」圓圈的人，心裏仍然埋藏著等級的觀念。他這樣描述那個情況：

在圓圈的一邊，經理坐著，他靜靜地說：「好吧，我會玩這遊戲一會兒。但當推動力變得強烈時，有知識並受薪作正確決定的是我。回到辦公室時，無論這小組想出甚麼決定，我都有方法應付。我會參與這種圓圈的遊戲，但我不會投入。」

同時，在圓圈的另一邊，一個店鋪職員坐著，他靜靜地說：「好吧，我會玩這遊戲一會兒。但我的薪金太少，我不應該為好像這樣的事情操心。我只想做好我的工作，然後回家。我有自己的生活，不想將工作帶回家。而且經理會想辦法達到他們的目的。我會參與這種圓圈的遊戲，但我不會投入。」

與我談話的行政人員繼續說：「如果我們不能處理這些內在問題，我們需要重新掛起金字塔式圖表，因為它們比我們小小的『圓圈』遊戲更誠實地反映這間公司的實況。只要我們偽裝，我們的工作便不會有改進，而且可能還會倒退。」

即使你於一九六〇年代不在柏克萊，你也不喜歡T小組，但你也可能不情願地參與了我剛描述的那種偽裝——在很多工作地點，它已經成了標準做法。我們可以將椅子圍成圓圈，但只要坐在椅上的人心裏有等級觀念，那圓圈的生命都會是分割的，那只是另一種「謊言中的生活」——一個虛假的羣體。

真正的羣體

離開柏克萊五年後，我發覺自己再次坐在圓圈中。這次是在彭德爾山(Pendle Hill)，那是費城(Philadelphia)附近一個貴格會的生活兼學習羣體。我在一九七〇年代中期開始在那裏生活了十一年。但我很快發現，這些圓圈和其他圓圈不同。它們並不鹵莽、不具侵略性、不沾沾自喜，也不具操控性。它們以尊崇自我和世界的方式，帶著溫柔、尊重和敬畏。這些圓圈慢慢地改變我的生命。

在貴格會這些安靜的圓圈，人們並不實行我在柏克萊經歷的業餘心理治療或虛假的政治。相反，他們實行正確地理解的治療和政治，也就是內向地朝自己的整全走，外向地朝世界的需要走，並嘗試在兩者的交匯中活出自己的生命。

在這些安靜的貴格會圓圈中，我看見人們受到挑戰，但從沒有看見任何人受到傷害。我見證的個人轉化比以前多，我也看見更多人接受自己的社會責任。那時我開始明白，為甚麼貴格會人數雖然總是比較少，但在他們時代的重大社會問題中，他們的影響力往往大得不成比例。

我在彭德爾山經歷的信任圈是罕有的羣體形式——支持而不是代替個人對正直的追求——是植根於兩個基本信念。首先，我們都有一位內裏的教師，比我們從教義、思想體系、集體信仰系統、制度或領袖所得到的引導，它的引導都更可靠。第二，我們都需要其他人邀請、支援和幫助我們辨別內裏的教師的聲音，而原因至少有三個：

- 走向內在真理的旅程實在太累人，不能獨自進行：如果沒有支持，孤獨的旅人很快會變得疲乏或恐懼，很可能會中途放棄。
- 那條路太隱蔽，必須有伙伴同行：要找到我們的路，涉及一些提示，是隱晦的，有時甚至會誤導我們，我們所需要的是，只能夠在對話中出現的那種明辨。
- 目的地實在太嚇人，不能獨自到達：我們需要羣體，才能夠找到勇氣，闖進那陌生的境地，是內裏的教師可能號召我們進入的。

我想研究一下**明辨**這個小詞，它的意思是「區分事物」。我再次想到魯益師的納尼亞故事，那些孩子透過魔衣櫥進入一片內在的土地。納尼亞有很多東西是良好和美麗的，特別是真理的聲音——偉大的獅子阿斯蘭（Aslan）的聲音。在這片大地中有時會聽到這聲音。但納尼亞裏也有其他聲音——試探、欺騙、黑暗和邪惡的聲音。需要四個兒童，多種引導，七冊書講述陷阱和危險，才能夠澄清這些混合的信息，走向真理。[8]

我偶然聽到人們說：「世界是那麼混亂的地方，我只能夠藉著向裏面走才能夠找到明晰。」但我發覺「裏面」和「外面」至少同樣混亂，而且通常比「外面」更混亂！而我認為大部分人都有同感。如果我們在紐約市迷了路，我們可以買地圖，問當地人，或者找熟悉街道的的士司機。但在內在旅程中，我們惟一可以找到的嚮導，是來自一些關係，在其中別人幫助我們明辨我們的帶領。

但我在彭德爾山認識的那種羣體，並不打算**為**我們明辨，正如羣體有時會那樣做：「告訴我們你認為的真理，我們便會讓你知道你是對還是錯！」相反，信任圈將我們放在一個空間中，讓我們可以以自己的方式和時間，在別人富鼓勵和挑戰性的同在下，自己明辨。

那個前農夫與朋輩一起退修。他們無疑可以就他的困境給他成熟的意見。但在他旅程的這一刻，他必須認真看待自己的靈魂的一刻，他需要願意避免提供意見的人。他需要的，是懂得怎樣邀請他靈魂說話的人，容許他聆聽的人。

可幸和他坐在一起的人，由模塑信任圈的原則和實踐引導，他們從沒有嘗試「糾正他」。他們只是圍繞他創造一個集體的空間，讓他可以將真理的內在聲音，從恐懼的內在聲音區別出來。而當他說出他從裏面聽到的真理時，這些人見證他的自我發現，令他對自我的感覺變得敏銳，也令他更堅定地跟從內在的教師。

以下是另一個故事，顯示羣體歡迎靈魂時可以有甚麼事情發生。在我主持的一個圓圈，有一個好人，他受到種族歧視傷害。在我們三天的退修期間，他只說過一兩次話。大部分時間他都安靜地坐著。我感到他的臉上帶著哀傷。由於他是非洲裔美國人，卻在主要由白人組成的小組中，我不單擔心他會感到痛苦，也擔心我們以某種方式引致那痛苦。

在那三天，我擔心這個人甚至在這裏，在一個本來應該安全的圓圈中，也感到格格不入。但為了跟從這種羣體的基本規則，我和其他人都不嘗試「照顧」他。相反，我們以安靜和尊重的方式對待他和他的靈魂，雖然我們需要很強的意志力，才能夠避免去安慰他。

在退修的最後一天早上，我很早起牀。我坐在休息室，一邊喝咖啡，一邊拿起退修中心職員留下，給客人評論退修經驗的留言簿。在最後一頁，我看到以下這段話，潦草地以大字體寫成，是那個我很擔心的人留下的：

> 謝謝你們幫助我處理我的一些憤怒。生命實在太短，不值得走一條充滿分叉的路。我仍未完全得到醫治，但醫治的過程已經開始。我想將我得到的愛和關心回報給別人。這次退修令我對付我的悲傷！！喬治亞州（Georgia）/越南/德薩斯州（Texas）都是我的深淵。（譯按：喬治亞州和德薩斯州是種族歧視特別嚴重的兩個州，而這段文字的作者曾經參加越戰。）現在醫治已經開始，我感到堅強，第一次能夠有平安的感覺。[9]

讀到這些文字，我發覺在之前三天，這個人一直與內在的教師交談，他深入那對話中，比與我們談話走得更深入。為到我在彭德爾山最初經歷的那種圓圈，我再次滿懷感激——感激這些圓圈教導我關於靈魂的實在和能力；關於一種在一起的方式，是容許靈魂對我們的生命有要求的；並關於我們這樣做時，可以發生的奇迹。

如果我們想更新自己和我們的世界，我們需要更多這種圓圈，讓在大機構工作的人，可以明白隱藏在普通視覺中的祕密；讓面對衝突、由農夫變成官員的人，可以記得他向土地負責；讓受種族歧視傷害的人可以朝醫治走出一步。我們需要更多圓圈，讓我們可以從那裏回到沒有那麼分割的世界，並跟我們的靈魂有更強的連繫。

這一章描述的圓圈，包括由十到三十人不等。但信任圈不是由人數界定，它的界定是根據它在我們之間創造的空間的本質。我十分敬重威爾斯利學院（Wellesley

College）的院長沃爾什（Diana Chapman Walsh）的正直。她曾經提到她舉行的小規模「圓圈」，是她在複雜和壓力大的工作中，用來維持自己對整全的感覺的。她寫道：「我……與令我變得更好的人……聚集在一起，他們是我可以……以真誠相待的朋友……每當可能，我都與曾經跟我分享喜樂和痛苦的〔人〕連繫……他們……在我裏面喚起這種安全的感覺。」[10]

每當有兩三個人聚集，便可以形成信任圈，只要那兩三個人知道怎樣為靈魂創造空間，並加以保護。

藉著令靈魂感到安全，從而支持內在旅程的信任圈中，實際上有甚麼事情發生？這本書的第二部分會相當詳細地回答這個問題。但創造信任圈的實踐不會有多大意義，除非我們明白這些圓圈背後的兩個重要原則：靈魂或真我是真實和有力的；靈魂只有在擁有某些質素的關係中才可以感到安全。這些原則是接著兩章的主題。

註釋：

1. Rainer Maria Rilke, in Stephen Mitchell, ed., *The Selected Poetry of Rainer Maria Rilke* (New York, NY: Vintage Books, 1984), 261.
2. Rumi, "Someone Digging in the Ground," in Coleman Barks and John Moyne, trans., *The Essential Rumi* (San Francisco, CA: HarperSanFrancisco, 1995), 107.
3. C.S. Lewis, *The Chronicles of Narnia* (New York, NY: HarperCollins, 1994).
4. Vaclav Havel, *The Power of the Powerless* (New York, NY:

Sharpe, 1985), 42. 天鵝絨革命指捷克在一九八九年以不流血的方式推翻共產政權。

5. Rilke, *Selected Poetry*, 261.

6. 雖然就我所知，我不是第一個使用「信任圈」這個詞的人，但我賦予它的意義是我自創的。在互聯網搜尋這個詞組，你會找到人們為了不同目的使用「信任圈」，由在發展中國家改善窮人的經濟地位（http://www.lightlink.com/cdb-l/archives/12.94-3.96/1303.hml），到在匿名的網絡空間核實個人身分（http://www.sciam.com/2000/0800isue/0800cyber.html）。而在電影《非常外父》（*Meet the Parents*）中，羅拔迪尼路（Robert De Niro）的角色以非常嘲諷的口吻提到「信任圈」！

7. 參http://www.orgdct.com/more_on_t-groups.htm。

8. Lewis, *The Chronicles of Narnia*.

9. 我很感謝劉易斯（Johnny Lewis）准許我使用他的話。

10. Diana Chapman Walsh, "Cultivating Inner Resources for Leadership," in Frances Hesselbein, ed., *The Organization of the Future* (San Francisco, CA: Jossey-Bass, 1997), 300.

第三章

探索真我

靈魂的親密

我的肺腑是你所造的；我在母腹中，
你已覆庇我……我受造，
奇妙可畏……這是我心深知道的。
——詩一三九 13~14

靈性基因

談到「真我」這個主題時，兒童是最好的資源，因為他們的生活十分接近他們與生俱來的天賦。因此我以另一個對童年的回憶開始這一章。但這次我不會好像在第二章那樣，重訪少年的我，而是從我自己六十多歲的角度，看別人早年的生活。

我第一個孫女出生時，我在她裏面看見的是，一些在大約二十五年前，我在自己孩子身上忽略了的東西。當時我太年青，太專注於自己，不能好好留意任何人，包括我自己。我在孫女身上看見的東西其實十分清楚和簡單：我的孫女來到世上，她是**這**種人，而不是**那**種、**另**一種或**別**的一種人。

例如，還是嬰孩時，她幾乎總是平靜和專注的，靜靜接收周圍發生的事情。她看起來似乎「明白」一切——忍受生命的悲劇，享受生命的喜劇，耐心地等候有一天可以評論這一切。今天，她的語言能力已經磨練得很好，但這個描述仍然十分適合用來形容這個已經成為我十分要好的朋友，而且看起來好像「老練的靈魂」的青少年。

其實，在我孫女身上，我實際上看到一些我以前只能夠憑信心接受的事物。那就是我們天生有一顆自我身分的種子，它藏有我們的獨特性的靈性基因——一種與生俱來、編了碼的知識，是關乎我們是誰，為甚麼我們在這裏，以及我們怎樣與別人交往的。

隨著時間過去，我們可能放棄那知識，但那知識從不放棄我們。令我感到不可思議的是，年紀很大的人往往忘記很多事情，但卻可以生動地記起童年的事，那是在他們生命中，他們最像自己的時候。藉著他們裏面帶著那一直存在的自我身分的核心，他們與生俱來的本性得以回復——這核心或許因為年歲的增長，可以除去不屬於真我的東西，而變得更容易給看見。

哲學家對怎樣稱呼我們人性的這個核心爭論不休，但我自己並不拘泥於準確的描述。梅頓稱它為真我。佛教徒稱它為本性或大我。貴格會稱它為內裏的教師或內在的光。哈西德派（Hasidic）猶太人稱它為神聖的火花。人本主義者稱它為身分和完整。在流行的用語裏，人們往往稱它為靈魂。在這本書，到目前為止，我用過大部分這些名字來稱呼它！

我們**怎樣**稱呼它，對我來說不大重要，因為無論你怎樣稱呼它，它的來源、本質和命運永遠都是向我們隱藏的，沒有人可以令人信服地宣稱自己知道它的真實名字。但十分重要的是，我們**要**稱呼它。因為「它」是自我身分那客觀、本體（ontological）的現實，令我們不會將自己或別人化約為生物的結構、心理的投射、社會的建構，或者一些材料，用以生產成社會需要的任何東西——消滅我們的人性，不斷威脅我們生命的質素。

詩人奧利弗（Mary Oliver）說：「無人知道靈魂是何物，它來又去／猶如掠過水面的風。」[1] 但正如我們可以說出風的功用，我們也可以說出靈魂的一些功用，同時又不假設我們能夠深入它的奧祕：

- 靈魂想令我們一直植根於我們自己存有的基礎，抗拒其他能力的趨向——例如理性和自我——將我們從我們的身分連根拔起。
- 靈魂想令我們一直與我們找到生命的羣體保持連繫，因為它明白，如果我們要成長，便必須建立關係。
- 靈魂想告訴我們，關於我們自己、我們的世界，和兩者之間的關係的真理，無論那真理聽起來容易還是難以接受。
- 靈魂想給我們生命，也想我們將這禮物傳遞出去，在處理太多死亡事件的世界中，成為生命的賜予者。

我們來到世上時，靈魂都是完整的。但從出生的一刻開始，靈魂或真我便受到內外損毀力量的攻擊。這些力量包括種族歧視、性別歧視、經濟不公和其他社會的毒瘤；也包括妒忌、憎恨、自我懷疑、恐懼和其他內在生命的鬼魔。

我們大部分人都可以列出靈魂的很多外在敵人，我們肯定，如果它們不存在，我們便會成為更好的人！由於我們那麼急於將我們的問題歸咎於「外面」的力量，所以我們需要細看我們多麼經常地合謀，帶來自己的損毀：因為每種要令我們扭曲變形的外在力量，在我們裏面都有一個潛在的同謀。如果我們說真話的衝動，受到懲罰的威脅阻撓，那是因為我們重視保障多於真誠。如果我們站在弱者那邊的衝動，受到失去社會地位的威脅阻撓，那是因為我們重視受歡迎多於成為被蔑視的人。

如果我們拒絕與執政及掌權的共謀，它們對我們生命的影響力便會較小。但拒絕是危險的，因此我們否定我們自己的真理，接受「自我偽裝」的生命，出賣我們的身分。[2] 但靈魂不斷召喚我們回到我們與生俱來的形式，回到有根基、有連繫和整全的生命。

對真我的懷疑

奧利弗說：「我所知道最初、最原始和最明智的事情是：靈魂存在，而這完全是建基於專注。」[3] 但我們活在其中的文化，並不鼓勵我們留意靈魂或真我——而如果我們不留意，結果只會過著沒有靈魂的生活。

在我們的文化裏，有兩股潮流引致我們不專注。其一是世俗主義，它視人的自我為社會建構，沒有受造的核心；另一個是道德主義，它視所有對自我的關注為「自私」。世俗主義和道德主義聽起來可能互相矛盾，但卻帶我們去到同一個地方：否定真我。如果我們接受它們對現實的扭曲，朝不分割的生命走的旅程便成了蠢人的任務，因此重要的是，要明白為甚麼這兩種對我們狀況的評估都是錯誤的。

世俗主義主張，我們來到世界時不是獨特的個人，而是可以模塑的原料，接受我們出生時偶然得到的性別、階級和種族的印記。當然，我們繼承了某種本質，一套完全由我們的基因而定的潛質和限制。但從世俗的立場看，相信我們有不可侵犯的靈魂、本體的身分、一個受造的自我身分的核心，這完全是一派胡言。

但即使面對這種犬儒，真我的觀念仍然持續——不是由於某種理論，而是由於如果真我是個幻象，我們便不會也不可能有的一些經驗。

例如：我們關心的人的世界塌下來了。他做了很壞的選擇，落入絕望之中，我們不明白為甚麼。於是我們哀歎：「這不是我們認識的那個人。」「他就是和他以前不一樣。」或者我們關心的人春風得意。經過多年苦待自己後，她學懂愛自己的生命。於是我們歡呼：「她找到自我了。」「她終於發現自己是誰了。」我們在我們認識和關心的人中看見真我，不斷用這個觀念來衡量他們幸福與否。

在更深刻的地方，我們在自己的自我意識、在我們的經驗，找到真我存在的證據；如果生物學、心理學和社會學就是我們身分的全部，我們便不會有這些經驗。在我遇到一個痛苦的現實，是我的自我嘗試逃避，而我內裏的教師則迫我正視時，我知道我有真我。我自我保護的心變得開放，別人的快樂或痛苦彷彿充滿我，令我身同感受時，我知道我有真我。不幸找上門，我對生命失去興趣，但在自己裏面仍然找到不死的生命力量時，我知道我有真我。

但真我最有力的證據，來自看見我們嘗試將自己當為沒有真我那樣生活時發生甚麼事，我在抑鬱症的旅程中學懂這教訓。[4] 當然，抑鬱症有多種成因。有些是因為基因上的不幸，或者腦部化學物質的不平衡，必須以藥物治療。但另一些抑鬱症則源自真我遭深深埋藏，以致生命變成靈魂的漫長黑夜。我的抑鬱症就屬於這一種。它對藥物只有短暫反應，其後一再復發，直到我接受自己的真理。

抑鬱可能源自蔑視個人的真理，這個觀念從科學得到間接的支持。麥歇根大學（University of Michigan）演化及人類適應計劃（Evolution and Human Adaptation Program）的主任內瑟（Randolph Nesse）提出，抑鬱症「可能……是對不能達到所渴望的目標的一種〔演化〕的回應」，在這些情況下，「個人生命的路途在森林中消失」。內瑟主張，抑鬱症那麼徹底地消耗我們的意志和精力，以致我們不能走一條以前似乎可取，但至少現在對我們來說已經變得行不通的路。我們必須找另一條路，一條更適合我們本性的路，從而為個人的生存和物種演化的成功作出貢獻。[5]

由於靈魂的其中一個功用是給我們生命，令我們將生命傳遞下去——我認為這是對於「演化的成功」的靈魂用語——我覺得很難去區分「生物的適應」（biological adaptation）和「靈魂的起義」！事實上，內瑟選用的隱喻有助解釋他的理論，在森林中消失的路途，是但丁（Dante）這位靈魂領域的繪圖大師最為著名的：「在我們人生旅程的中途，我找到自己／在黑暗的森林中，正途消失了。」[6]

無論如何，在我自己的情況，抑鬱症是靈魂的呼喚，要我停下來，轉身，回頭，尋找一條我可以應付的路。如果我們忽略那呼喚，頑固地堅持下去，源自與真我抵觸的抑鬱症，可以帶來比憂鬱和乏力更糟的事情，那就是十分渴望結束自己的生命。

我的情況就是這樣。現在回顧起來，我明白原因何在。我外在的生命遠離內在的真理時，我不單走在錯誤的路上，更是以自己所走的每一步殺死自我身分。個人的生命好像行屍走肉一樣時，實際走進死亡似乎是十分容易邁出的一步。藥物可能可以暫時減輕這種抑鬱，但真正的醫治是超乎藥物的。我們只能夠藉著選擇不再分割地生活，才能夠取回自己的生命。這是那麼可怕的選擇——或者在抑鬱症當中似乎是這樣——除非那源自否定或蔑視真我的痛苦變得不能忍受，否則我們不大可能作出這選擇。

世俗主義藉著視我們為原料而否定真我。而**道德主義**——這古怪的一對中的敬虔伙伴，達致同一個目的，藉著將「自我」翻譯為「自私」，堅持我們要將這個詞語從我們的辭彙中刪除。道德主義者宣稱，我們社會的整個問題，是太多人為了自己而損害所有其他人。新紀元對自我實現的強調，這種不斷的「自我崇拜」，就是那種羣體破碎的根本原因，我們在周圍都看見。這就是道德主義者的論據。

現在人們似乎確實不十分關注彼此的命運，但我不相信新紀元的自戀應該備受深責。引致我們道德冷漠的外在原因，是破碎的大社會，它令我們孤立和害怕，還有將資本的權利置於人民權利之上的經濟系統，以及令公民變得毫不重要的政治過程。

這些力量容許，甚至鼓勵沒有節制的競爭，對社會不負責任，以及財政上的適者生存。攫取巨額金錢令大企業倒閉，使收入微薄的雇員失去退休金的行政人員，明顯受資本主義的無道德影響，多於受某個新紀元大師的影響。

但在我太急於追究責任前，讓我指出道德主義者的抱怨的真正問題所在：他們宣稱「自我崇拜」統治著我們的國家，這並沒有多少證據支持。我走遍這個國家，遇見很多人。我很少見到有人好像道德主義者所指那樣，對自我有過分強烈的感覺，將自己放在首位，彷彿他們擁有君王般的神聖權力。

相反，我遇到很多人都是沒有自我的。他們本該有身分的地方有一個無底洞，他們嘗試以競爭的成功、消費主義、性別歧視、種族歧視，或任何可以給他們幻象，以為自己比別人優勝的東西，填補那內在的空虛。我們接受這些態度和做法，不是因為我們認為自己優越，而是因為我們完全感覺不到自我。貶低別人成了通往身分的路，但如果我們知道自己是誰，根本不用走這條路。

道德主義者似乎相信，我們處於一個惡性循環中，正在加劇的個人主義和它固有的自我中心，引致羣體的衰敗；而羣體的衰敗又反過來引致更多個人主義和自我中心。但我認為事實頗為不同。隨著羣體被不同的政治和經濟力量撕裂，愈來愈多人患上空虛自我綜合症。

強而有力的羣體，幫助人們建立一種對真我的感覺，因為只有在羣體中，自我才能夠運用和實現它的本性，也就是施予和接受，聆聽和説話，存在和行動。但當羣體解散，我們彼此失去連繫時，自我也萎縮，我們與自己也失去連繫。缺乏機會在關係網中成為自己，我們對自我的感覺便消失，引致一些行為出現，進一步令我們的關係破碎，將內在空虛的疫症傳播出去。

我自己患抑鬱症的旅程是空虛自我綜合症的極端形式，是自我毀滅的經驗，只差沒有死去。我透過這旅程來看我們的社會時，確信道德主義者攪錯了：指出、提倡和培養真我，從來都不是「自私」的。

可以肯定的是，自私的行動是**存在**的。但那些行動源自空虛的自我，我們嘗試以傷害別人的方式，或者以傷害自己，令關心我們的人傷心的方式，填補我們的空虛。我們植根於真我時，便可以以一種方式行動，既給自己生命，也將生命給讓我們觸及的人。長遠來説，無論我們為照顧真我做甚麼，那都會是給世界的禮物。

關於分割的生命的故事

我們來到這個世界時沒有分割，而是完整、整全的。但我們遲早會在自己內在和外在生命之間築起一道牆，嘗試保護我們裏面的東西，或者欺騙周圍的人。我們大部分人只有在分割的痛苦大得不能忍受時，才會展開走向「不再分割」地生活的旅程。

我想更詳細檢視這些生命的通道，因此我需要你製造（或者在想像中製造）一件簡單的視覺輔助工具。拿一張好像信紙那樣大的紙張，在較長的一邊剪出一條半吋闊的紙條，留著這條紙條，將其餘部分丟掉。對不起，我使用這樣廉價、低技術的工具，但我是貴格會會友，這就是我們最接近電腦簡報的做法。

讓紙條的一邊代表你外在或前台的生命。在這裏，描述我們經驗的詞語是**形象**、**影響**和**作用**——這些詞語指出，我們與世界交往時，我們的盼望和恐懼。有沒有人聆聽我說話？我有沒有帶來甚麼分別？我在嘗試這樣做時，看起來怎樣？

讓紙條的另一邊代表你的內在或後台生命。在這邊，那些詞語沒有那麼令人焦慮，而且比較具思想性，好像**觀念**、**直覺**、**感覺**、**價值觀**、**信仰**，以及在更深刻的層面，你選擇為這些事物的來源命名的詞語：**思想**、**內心**、**靈**、**真我**、**靈魂**，**或超越一切命名的地方**（place-beyond-all-naming）。

我認為，我們後台生命和前台生命之間的關係，透過四個階段展開。第一個階段是我們來到這個世界時，內在和外在生命完全沒有分割。正因為這樣，大部分人都喜歡與嬰孩和幼童一起，因為我們看見的是甚麼，我們得到的就是甚麼。無論嬰孩裏面有甚麼，都會立即在外面表達出來，無論用比喻還是實際來說都是這樣！在新創造的人面前，我記起整全是怎樣的。有時我更不禁想到：「我究竟變成怎樣了？」

在這個階段，我們前台和後台生命之間的關係，不需要任何視覺輔助。我們從周圍十分年幼的人的生命中，都可以看到這個階段。但在我們轉向第二個階段時，我們的貴格會簡報便開始變得有用。這是生命中一段漫長的路，在其中我們在內在真理和外在世界之間建立障礙，並加以鞏固。讓我們雙手拿著那紙條的兩端，放在眼睛前面，將平面對著自己，代表我們離開童年，進入青少年和成年階段時築起的分隔牆。

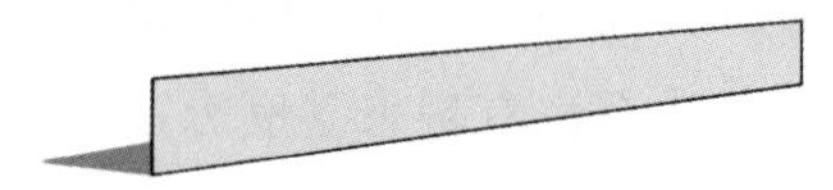

可惜有些兒童在家裏需要這道牆。另一些兒童則在開始上學時才需要這道牆。但每個人早晚都因同一個原因而需要一道牆：保護我們內裏的脆弱，避免外在的威脅。我們開始驚覺世界是危險的地方時，便將自己最脆弱的部分圍起來。這些部分包括我們的信念，我們自己身分的範圍。我們希望保護這些部分，有時甚至對抗相當大的困難。

例如我想到很多同性戀的年青男女，在「不同意」他們的社會中的困境。馬蒂斯（Stuart Mathis）是同性戀者。他在一個宗教社區長大，那裏視同性戀為罪。他的教會堅持他要「改變性取向」。他發覺不可能這樣做時，結束了自己的生命，並留下這段話：

〔我的〕教會不明白，我打這封信時，肯定有一些男孩和女孩跪下良久，求上帝救他們脫離這痛苦。他們憎恨自己。他們上牀睡覺時，手指以手槍的形狀指著自己的頭。現在我自由了。我不再痛苦，也不再憎恨自己。最終上帝從來都不要我「直」。或許我的死亡可以成為一些好事的催化劑。[7]

對那些相信只有戴著面具才能夠逃避殘酷世界的人，無論他們年青還是年老，我都只感到同情。但人們有時為了只能稱為邪惡的原因，與自己的真理隔開。他們向別人隱藏自己的身分，因為欺騙以一種不正當的方式給他們權力。前伊拉克總統薩達姆（Saddam Hussein）的故事，清楚表明這點。

薩達姆藉著討好當時屬於改革派的復興黨（Baath Party），從而取得權力，最後取得足夠的力量，消滅競爭，鞏固自己的獨裁統治。改革派的一位前領袖哈米德・阿勒－朱布里（Hamed al-Jubouri），描述有助製造薩達姆實行恐怖統治的那種分割的能力：

在開始時，復興黨由我們那一代的知識精英組成。那裏有很多教授、醫生、經濟學家和歷史學家，他們真的是國家的精英。薩達姆很有魅力，很吸引。他看來與我們後來認識的他完全不同。他欺騙了我們所有人⋯⋯我們對他感到驚訝。這個在巴格達（Baghdad）北部的鄉村出生，這麼年青的人，怎能夠成為那麼能幹的領袖？他似乎既聰明又實際。但他在隱藏真我。多年以來，他都這樣做，靜靜地建立自己的權力，吸引所有人，隱藏自己真正的本能。他十分擅長隱藏自己的意圖；這可能是他最高超的技能。我記得他兒子烏代（Uday）曾經說過：「我爸爸襯衫右邊的口袋也不知道他左邊的口袋放著甚麼。」[8]

好像薩達姆這樣的個案，突出了分割的生命的癥狀。但這個個案是那麼巨大和富戲劇性，它可能令我們忽略，我們自己的、源自同一種疾病的較不明顯的版本。所以我會用我自己步入分割的旅程，作為第二個階段的一個普通例子。

我有幸生於可以安全地活出真我的家庭，因此我的分割並不始於家裏。但我在學校並不感到安全，雖然我有能力扮演「成功」和「受歡迎」的學生，但我將這兩個詞語放在引號內，因為這個角色對我來說是那麼具欺騙性。我雖然在前台上演出，但我的真我隱藏在後台。這真我害怕世界會壓碎它最深刻的價值觀和信念，它脆弱的盼望和渴望。

我接受的教育愈多，學校便變得愈不安全。特別是在研究院的時候，我情感和靈性的存活，似乎有賴將我的真理收起。我撰寫宗教社會學的博士論文時，是有宗教信念的人（我現在仍然是這樣）。我不期望我的教授有和我相同的宗教信念，甚至不期望他們有任何可以稱為宗教的信念。但我假設他們對宗教現象，會給予一種學術的尊重，就好像歷史學家對原始文本，基因學家對基因，或物理學家對亞原子粒子的尊重那樣。

但我很快發現，事實並非總是這樣。一些宗教社會學家渴望否證一切與宗教有關的事情。我被持這種立場的教授嚇怕，在研究院時盡力隱藏自己的信念，但我承認，我同時又偷偷從奧登（W.H. Auden）那十分機智的第十一誡（Eleventh Commandment）中得到慰藉。這條誡命是：「不可……從事社會科學。」[9]

我抓著一個幻想：一旦拿到我的學位，可以控制自己的專業命運，我便不再需要隱藏自己的真理。但我很快發覺，與工作的世界相比，研究院就好像郊遊。我愈深入工作的世界，愈感到需要圍起自己的真我，簡單地說，就是嘗試顯得比真正的自己更聰明和堅強。

最初，我需要一道牆來隱藏我的脆弱，避免受到世界攻擊。但向陌生人隱藏自我，很快便發展成向親密的人也隱藏自我：我在工作時加固來保護自己的圍牆，在與家人和朋友一起時並不容易拆除。我甚至在自己不知情下，開始在個人和專業生活中將真我收起。現在回顧起來，我發覺我後來無可避免地也向自己隱藏真我。

分割的生命的終極反諷在於：如果你在牆後面生活很長時間，你自己也會看不見你向世界隱藏的真我！那道牆和外面的世界，就是你認識的一切。最終，你甚至忘記那道牆存在，也忘記在它背後隱藏了一個稱為「你」的人。

在牆後面生活至少有三個後果。首先，我們內在的光不能照亮我們在世界所做的工作。我成為年青的教授時，將真我圍起，免受職業系統的壓力影響，表示犧牲了我作為教師的心。我不是為幫助學生學習而講學，而是為了證明我是專家。那時，我的教學往往由稱為「學術成功」這個星球的訊號引導，而不是由內裏的訊號引導，而這些內裏的訊號可以讓我知道學生的需要。我不是以自己最好的亮光來教導，我恐怕當時我往往將學生留在黑暗中。

其次，我們活在牆後面時，世界的光不能進入我們內裏的黑暗。事實上，我們「在外面」看到的只是黑暗，沒有發覺那黑暗有很多是由我們製造的！年青時，那道牆容許我將自己的黑暗投射到別人身上，同時又愉快地對別人怎樣看我一無所知。我記起自己在三十多歲時，私下判斷很多我認識的人，被自大控制著，現在我感到遺憾，那種態度當然只是投射出來的自我懷疑。勇敢的朋友不時嘗試給我的陰暗投下一點亮光，但結果是可以預期的：我斷定**他們**是自大的，並拒絕聆聽他們。

第三，我們活在牆後面時，接近我們的人，會為我們在前台上的表演和在後台的現實之間那差距而擔心。由於不信任我們的口是心非，也想保護自己；他們與我們保持距離。有一些關係本來可以讓我們更清楚看到自己，也從我們的生命中消失。隨著那些可以幫助我們看見光明的人，被我們陰影的力量驅走；我們最終居住在封閉的系統中，那是一個無所不包和自我參照的地獄。

至少我那時就是這樣。

麥比烏斯帶上的生命

封閉的系統怎樣破開？在外在挑戰可能刺激自我認識，但靈魂和角色之間的圍牆將所有這些挑戰排拒在外時，我們怎能察覺到自己危險地脫離世界和真我？

在這裏，真我會來拯救我們，只要我們讓它這樣做。分割的生命是病態的，因此它總會有病癥——而如果我們承認這些病癥，便可能可以將病醫好。在我的情況，病癥變得你不可能忽略。我的抑鬱症全面復發，我被迫問自己：「我是誰？」不是作為抽象的練習，而是有真實生命的迫切性。

當然，並非所有人都會患抑鬱症。有些人開始感到漫無目的、焦慮或憤怒。但在第二階段的某個時候，生活在圍牆後面一段時間後，我們大部分人都感到由脫離自己的真理而來的痛苦。如果我們願意感受和指出那痛苦，而不是嘗試將它麻痺，這痛苦會破開我們那封閉的系統，迫我們從牆後面出來，走向第三階段的醫治遠象。

在這個階段，我們藉著圍繞自己的後台價值觀和信念，重整我們的前台生活，從而邁向整合，正如我們可以用貴格會的簡報說明那樣。取出你拿在手裏當為一道牆的那紙條，將兩端連起來。你形成的圓圈，代表推動第三階段的渴望：「我想我內在的真理成為鉛垂線，引導我生命中所作的選擇——我做甚麼工作，我怎樣做；我進入甚麼關係，怎樣進行。」

這是對「集中」(centered)的渴求。我猜想，「集中」一詞，是我們在近幾十年的靈性作品中最常遇到的詞語。當然，渴望將我們外在的生命集中在內在的真理中，是走向正直的一步。但正如我們的視覺輔助以單憑言語不能表達的方式顯示，第三個階段有陰暗的一面。如果你將這紙圈水平地拿著，彷彿它是個圍欄，你會看到「集中」也可以被描述為令馬車繞圈走，或者進入圍起來的羣體，或者製造一個祕密花園，在那裏我們只歡迎那些令我們感到自在的人。

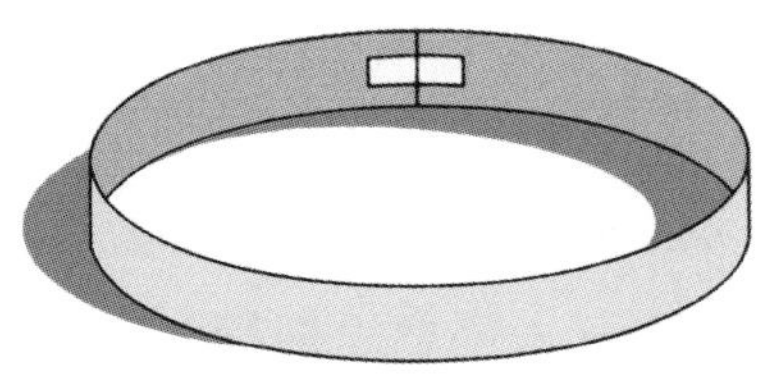

我們用內在的真理作為過濾，排拒我們覺得不易應付的人或物時，第三個階段的陰暗一面便出現。現實世界中有很多這類例子：看一看宗教在公共生活中往往扮演那種帶來分歧的角色，來自左翼和右翼的信徒都根據教義的界限，區分「好人」和「壞人」。我們用自己的真理來製造這種分歧時，便跟開放心靈與世界交往這做法——這種所有偉大的靈性傳統都提倡的做法——相距甚遠。這樣，第三階段的圓圈只成了第二階段圍牆的偽裝。

這帶我們去到我們前台生命和後台生命的關係中最後的一個階段，在這裏，貴格會的簡報變得不可或缺。

將你拿在手裏形成圓圈的紙條兩端稍為拉開，將一端扭轉，然後再將兩端連接起來。這樣你便創造了一個稱為麥比烏斯帶（Möbius strip）的精彩形狀。[10]

以一隻手的手指拿著紙條，用另一隻手的一隻手指，沿著似乎是紙條外面的平面移動：突然間，天衣無縫地，你會發覺你已經似乎去到紙條的裏面。繼續沿著似乎是紙條裏面的平面移動：突然間，天衣無縫地，你會發覺你已經似乎去到紙條的外面。

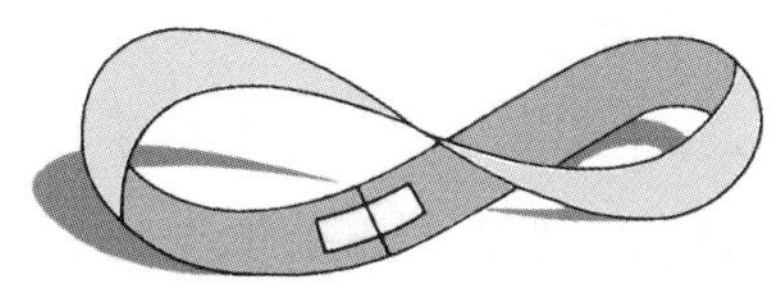

我需要不斷重複「似乎」這個詞，因為麥比烏斯帶根本沒有「裏面」或「外面」，表面的兩面不斷共同互相創造。麥比烏斯帶的結構是神祕的，但它的信息卻十分明確：我們裏面的東西不斷流向外面，協助模塑或破壞世界；而在我們外面的東西則不斷流向裏面，協助模塑或破壞我們的生命。麥比烏斯帶就好像生命本身：在這裏，最終，只有一個現實。

我們根據我們前台和後台生命之間的關係，來明白第四個階段時，便看到第二和第三個階段只是我們生命中某些時候的幻象，或許是必需的幻象，但畢竟只是幻象。我們可以欺騙自己，相信我們將自己的真理隱藏在一道牆後面，或者利用我們的真理去阻隔異類。但無論我們知道與否，喜歡與否，接受與否，我們總是活在麥

比烏斯帶上 ——沒有地方可以躲藏！我們不斷參與無阻的交流，於「外在」的一切和「內在」的一切之間，共同創造現實，無論是好是壞。

將內在和外在，私人和公共，個人和專業之間分開的文化裏，這個簡單真理的含意廣遭忽略。例如：我向大學生演講，談到「不帶價值觀的教導」這個神話，建議教師應該公開坦率地表達自己的價值觀時，相信將價值觀帶到課室是「不專業」的人會與我爭辯。

看見麥比烏斯帶上的生命是無可避免的，我只能夠想到一種回應方式：「那麼，你會派誰去課室？如果**你**在課室，你的**價值觀**也在那裏；如果你不是這樣相信，你便沒有留心。學生頗為精於『看穿』他們的老師相信甚麼事情。學生就是這樣生存！」如果教授、政治人物或父母，以為自己可以掩飾自己是誰，他們只是自欺和令情況對別人來說顯得並非那麼可靠，引致人感到危險，有所保留。

在我們前台和後台生命之間的關係的這第四個階段，我們看到自己只有一個選擇：要不是沿著麥比烏斯帶走，清醒地看到它不斷的交流，學習以給予自己及別人生命的方式共同創造，就是在麥比烏斯帶上夢遊，不自覺地以危險，以及往往是令關係、好事和盼望死亡的方式共同創造。

所有偉大的靈性傳統，都想喚醒我們明白一個事實：我們共同創造我們活在其中的現實。而且這些傳統都提出兩個問題，目的是令我們保持清醒：我們從自己裏面傳達甚麼給世界，在「外面」有甚麼影響？世界傳回甚麼給我們，對「裏面」有甚麼影響？我們不斷參與自我和世界的演化，而我們每一刻都有力量，在給予生命和帶來死亡之間作選擇。

在第四個階段，我們繞了一圈，回到我們開始的地方，因為麥比烏斯帶是我們出生時的整全的成人版本。正如艾略特（T.S. Eliot）的名言：

我們不會停止探索
而我們探索的終端
將是我們啟程的地點
我們生平第一次知道的地方[11]
（張子清譯）

當然，成人的整全遠比嬰孩的整全複雜；它不能化約為「擁抱裏面的孩子」。身為成年人，我們背負兒童沒有的重擔和挑戰——我們失敗、被出賣和哀傷的重擔；我們的天賦、技巧和遠象的挑戰。我們在麥比烏斯帶上走時，必須自覺地帶著這一切。

我們可以藉著加深對模塑我們和世界那無盡的內外交流的意識，以及加深對我們在這些交流中有能力選擇的意識，在成年的複雜中存活，甚至興旺。如果我們要這樣做，我們裏面和我們之間都需要有空間，歡迎靈魂的智慧。這智慧知道怎樣在麥比烏斯帶上，以靈敏和恩典應付生命。在獨處和在羣體中接待靈魂是甚麼意思，會是下一章的主題。

註釋：

1. Mary Oliver, " Maybe, " in Robert Bly, ed., *The Soul Is Here for Its Own Joy: Sacred Poems from Many Cultures* (Hopewell, NJ: Ecco Press, 1995), 15.（全文見附錄，頁 208）
2. Thomas Merton, *The Inner Experience* (San Francisco, CA: HarperSanFrancisco, 2003), 4.
3. Mary Oliver, " Low Tide, " *Amicus Journal*, Winter 2001, 34.
4. 我抑鬱經歷的更全面講述，可以在我的著作 *Let Your Life Speak*（San Francisco, CA: Jossey-Bass, 2000；譯按：中譯繁體《讓生命發聲》〔台灣：商周，2005〕; 中譯簡體《與自己的生命對話》〔中國：中華工商聯合，2010〕）第四章找到。
5. Erica Goode, " Making Sense of Depression, " *Oregonian*, Feb. 9, 2000, B1. 也參Randolph M. Nesse, " Is Depression an Adaptation? " *Archives of General Psychiatry*, 2000, 57, 14~20。
6. Robert Pinsky, trans. *The Inferno of Dante* (New York, NY: Noonday Press, 1994), I: 1~7.
7. Human Rights Campaign Foundation, *Finally Free: Personal Stories: How Love and Self-Acceptance Saved Us from " Ex-Gay " Ministries* (Washington, D.C.: Human Rights Campaign Foundation, 2000), 2.
8. Mark Bowden, " Tales of the Tyrant, " *Atlantic Monthly*, May 2002, 40.
9. W.H. Auden, "Under Which Lyre," in *Collected Poems of W.H. Auden* (London: Faber & Faber, 1946).
10. 麥比烏斯帶由德國數學家兼天文學家麥比烏斯（August Ferdinand Möbius）在一八五八年發現。產生這形狀的數學方程式，稱為麥比烏斯變換式，或雙線性變換式。
11. T.S. Eliot, " Four Quartets: Little Gidding, " in *The Complete Poems and Plays, 1909~1950* (New York, NY: Harcourt, 1952), 145. 譯文選自《荒原：艾略特文集．詩歌》上海譯文出版社 2012 年出版。張子清譯。

第四章

一起地單獨
獨處的羣體

我們的災難來自不容許任何東西為本身
　　而活；
來自我們渴望將一切，甚至是朋友，
拉進自己裏面，不容許任何東西獨處。

——布萊（Robert Bly）[1]

關於對事物不干涉

如果我們想創造對靈魂而言是安全的空間，我們需要明白為甚麼靈魂很少在日常生活中出現。詩人布萊提供一個解釋：我們強大的自我推動力，要「將一切……拉進自己裏面」，「不容許任何東西為本身而活」。

在那推動力背後，是我們不相信內裏教師的真實和能力。我們確信人們缺乏內在引導和渴望「幫助」他們，感到有責任告訴別人，**我們**認為他們需要知道甚麼，以及**我們**認為他們應該怎樣生活。無數災難都源於此——在父母和子女之間，教師和學生之間，主管和雇員之間；也就是源於自以為是地提供意見，令別人感到被貶抑和得不到尊重。

但我們可以學習以更有創意的方式與彼此同在，正如以下這個故事顯示那樣。這個故事是關於一個矛盾的人得到轉化，因為她周圍的人選擇信任她內裏的教師，克服了這長久的習慣——要將一切拉進自己裏面。

這個故事發生在我為公立學校教師所設的一個長期的信任圈中。其中一個成員蓮達（Linda），已經走投無路。教了十五年書後，她對上司、同事和學生都沒有一句好話可說。根據她的說法，他們都誤入歧途，有時也懷有惡意。她肯定，如果她可以以真正的人類取代這些令人討厭的外星人，她會成為較快樂的人，也會成為較好的教師。

與蓮達坐在一起的教師，以接納和尊重聆聽她。他們偶然提出一個誠實、開放的問題，幫助她更深入地說出和聆聽，甚麼困擾著她。但他們由這種羣體的基本規則(本書稍後會探討這些規則)引導，沒有提出任何評論，任何論證，或任何建議。

他們只是令蓮達停留在一個空間中，這個空間驅使她聆聽自己。這對她來說是革命性的。她對人性那犬儒的觀念，不斷因為聽她投訴的人而增強。我指的不是同意她的少數人，而是那些告訴她，她錯了，嘗試說服她不要犬儒的人；以及那些對她感到厭煩，轉身離開的人。蓮達會對自己說：明白嗎？我對人們的看法是對的。沒有人明白，也沒有人關心。好像我們大部分人一樣，蓮達知道怎樣利用拒絕來強化自己對世界的看法。

經過幾次退修後，蓮達告訴我她想退出時，我知道聆聽自己對她來說是多麼具革命性。她說：「我不是不欣賞這個小組。事實上，在這裏幫助我明白，我不再適合當教師。問題不在於我的學生和同事；他們是正直的人，盡力做到最好。問題出在我身上。我在教學上已經耗盡，我繼續教書只會傷害自己和別人。我決定在年底辭職，找另一份工作。所以我認為我不應該再佔用這個圓圈的空間。」

事實上，蓮達很有勇氣地利用她在圓圈中的空間。她看見自己的陰暗，不再將那陰暗投射到別人身上，掌握了自己的真實，向整全邁出一步。我告訴她，我們很歡迎她繼續留下。

我說，一個信任圈惟一的議程是幫助人們聆聽自己的靈魂，辨別自己的真理。它的目的不是幫助人們重新投入某個特定的角色，或者甚至在其中做得更好。雖然這兩者都可能發生，甚至同時發生。蓮達看見她的陰暗，現在感到不應該再教書，與小組中其他人更新他們的事業是同樣重要的。

蓮達留下來，繼續好好利用這個羣體。她更徹底地從陰暗中走出來，為失去長久而來的召命而哀傷，但也找到提示，知道怎樣找到配合她天賦的新事業。她能夠聆聽自己，因為她與知道怎樣讓她獨自一人，而又不遺棄她的人一起。他們讓她獨自一人，也就是讓她與內在的教師一起。

獨處和羣體

正如蓮達的故事顯示，信任圈是一種不同基調的羣體。**羣體**是一個難以捉摸的詞語，有很多層意思，有時指一羣共同投身於帶來某種外在影響的人，由彼此改變到改變世界。

但信任圈沒有這種議程。雖然人們的生命可能在這種圓圈中得到改變，而這可能會反過來稍微改變世界，但這個圓圈本身集中於內在及無形的能力。它惟一的目的是，支持小組中每個人的內在旅程，令每個靈魂感到安全，以致願意出現，說出它的真理，幫助每個人聆聽自己內裏的教師。

在信任圈中，我們實踐「一起地單獨」這弔詭，作為

「獨處的羣體」與彼此同在。這些詞組聽起來好像矛盾，因為我們以非此即彼的想法來看獨處和羣體。但如果正確地理解，獨處和羣體是同時並存地走在一起的。要明白真我，我們同時需要來自獨處的內在親密，和來自羣體的他者；[2] 而真我知道，在我們的內在性中我們**是誰**，也知道在更大的世界中我們**屬誰**。

我們將獨處和羣體分拆為非此即彼，彷彿可以二選其一地行動時，便將自己置於靈性的險境中。神學家潘霍華（Dietrich Bonhoeffer）在經典著作《團契生活》（*Life Together*）中，警告我們這個危險。他說：「不能獨處〔的人〕要提防羣體；不在羣體中〔的人〕要提防獨處。」[3]

潘霍華的警告是基於兩個簡單的真理。我們有很多要向裏面學習的地方，但很容易迷失於內在生命的迷宮中。我們有很多要向別人學習的地方，但很容易迷失在羣眾的混亂中。因此我們同時需要獨處和羣體：我們在一個模式中學到的東西，可以驗證和平衡在另一個模式中學到的東西。它們一起，令我們整全，好像吸氣和呼氣一樣。

但獨處和羣體**怎樣**走在一起，原來比呼吸更微妙。我們說我們獨處時，往往帶同其他人：想一想我們的「獨處」，多麼經常因與不在場的人進行內在談話，而受到干擾！我們說我們在羣體中時，又往往失卻了真我：想一想我們給捲入小組動力時，多麼容易忘記我們是誰。

如果我們要將獨處和羣體作為真正的弔詭連在一起，我們需要加深自己對這兩極的了解。**獨處**不一定指脱離別人生活；而是指永不脱離個人的自我而生活。獨處不是關乎別人不在，而是關乎完全與自己同在，無論我們是否與別人一起。**羣體**並一定表示與別人面對面地生活；而是指永不會不察覺我們彼此有連繫。羣體不是關乎有別人同在，而是關乎完全向關係的真實開放，無論我們是否單獨一人。

我們這樣理解獨處和羣體時，我們也明白創造信任圈是甚麼意思，那是我們之間的一個空間，能夠接待靈魂；是一個獨處的羣體，在那裏我們可以一起地單獨。

如果「在我們之間創造空間」這個觀念聽起來奇異或古怪，我們要思考一個事實：我們經常這樣做。每當人們聚集，無論人數多少，我們都創造不同種類的空間，支持不同的目的：

- 我們知道怎樣創造空間，邀請**理性**出現，分析現實，解析邏輯，提出論證。這樣的空間，例如在大學中可以找到。
- 我們知道怎樣創造空間，邀請**情感**加入，回應傷害，表達憤怒，或者歡慶快樂。這些空間可以在醫治羣體中找到。
- 我們知道怎樣創造空間，邀請**意志**浮現，為了一個共同目標整合精力和努力。這些空間可以在專門小組和委員會中找到。
- 我們當然知道怎樣創造空間，邀請**自我**以某個面目出現，打磨它的形象，保護它的地盤，要求得到它的權利。這些空間，我們可以在任何地方都找到！

- 但我們對怎樣創造空間，邀請**靈魂**讓人認識，卻所知甚少。除了自然世界外，很難找到這些空間；我們也似乎十分不重視在自然界中保存那些靈魂的空間。

我不是說理性、情感、意志和自我，與內在的工作不相干。但獨立地運作，這些官能不會帶我們去到靈魂想去的地方。不過它們都是身為人必不可少的部分，而如果有靈魂引導，它們可以成為走向不分割的生命的旅程中，必不可少的盟友。

靈魂透過理性說話時，我們學習以「思想降入內心」[4]的方式思考。靈魂透過情感說話時，我們的情感更可能培養關係。靈魂透過意志說話時，我們的意志力可以為了共同的好處而得到運用。靈魂透過自我說話時，我們得到對自我的感覺，這感覺給我們勇氣向權力說真話。人的每個官能，在變得更有靈魂時，都可以幫助我們，應付麥比烏斯帶上的生命那複雜的形勢。

靈魂是害羞的

為歡迎靈魂和支持內在旅程而設計的空間，是十分罕見的。但模塑這種空間的實踐，既不新也並非未經試驗。

這些實踐，有些已經嵌入修道傳統之中，因為修道院是「獨處的羣體」的原型。有些實踐則在貴格會四百年的信仰和實踐中浮現出來。有些實踐在二十世紀中期的超個人（transpersonal）心理運動中復興。有些實踐則在靈性模塑的過程中——可於世界大部分偉大的智慧傳統核心找到的——體現出來。

模塑可能是最好的詞語，用來形容在信任圈中發生的事情，因為從歷史角度看，這個詞語指在羣體中實行的靈魂工作。但我需要立即提出一個免責聲明，因為**模塑**有時指一個過程，是與這本書描述的過程幾乎相反。在這樣的過程中，正統教義、神聖經典和建制權威的壓力被加在畸型的靈魂上，要它配合某些神學指定的模樣。這種取向植根於一個觀念：我們天生的靈魂被罪破壞，而我們的情況是無望的，直到權威正確地「模塑」我們。

但信任圈的原則將這一切都顛倒過來。一位神學家說：「人類生來遠離創造主這個觀念似乎是令人討厭的。」[5] 我為這位神學家喝彩。在這種圓圈中，模塑源自的信念是：我們出生時，靈魂完好無缺。隨著時間過去，我們受到損壞的力量影響，這些力量來自裏面和外面，將我們扭曲成與靈魂的模樣格格不入的模樣。但靈魂從沒有失去它原本的形式，從沒有停止召喚我們，回到與生俱來的正直。

在信任圈中，破壞的能力受到控制，足以讓靈魂浮現和說出它的真理。在這裏，我們不需要令自己配合一些外在的模板。相反，我們應邀以我們的生命配合我們自己靈魂的模樣。在信任圈中，我們可以好像種植植物那樣，讓我們的自我身分生長——由靈魂的種子裏面的潛能，在因為我們的關係的質素而變得肥沃的土地中，走向我們自己整全的光——信任靈魂能夠比任何外在權威，更認識它本身的模樣。

一種怎樣的空間最能夠讓我們聽到靈魂的真理，並跟隨它？這種空間，由尊重靈魂本質和需要的原則和實踐界定。那本質是甚麼？那些需要是甚麼？我借助我認識的，能夠反映靈魂的要素，同時又尊重它的奧祕的一個比喻回答：靈魂好像一隻野生動物。

好像野生動物，靈魂是堅強、適應力強、足智多謀、精明老練和自足的；它知道怎樣在艱難的地方生存。我在抑鬱症發作時明白這些質素。在那致命的黑暗中，我一直倚靠的官能崩潰了。我的理性沒有用；我的情感已經死去；我的意志變得無能；我的自我粉碎。但在我內在荒野的叢林深處，我不時可以感覺到有些東西存在，是即使我其餘的部分想死時，仍然知道怎樣生存下去的。那東西就是我堅強和頑強的靈魂。

靈魂雖然堅強，但也是害羞的。正如野生動物一樣，靈魂在濃密的灌木叢中尋求安全，特別是當有其他人在周圍的時候。如果我們想看到野生動物，我們知道最不應該做的事，是衝過樹林，喊叫著要牠出來。但如果我們悄悄走進樹林中，耐心地坐在樹下，與大地一同呼吸，隱沒在周圍的環境中，我們尋找的野生動物可能會出現。我們可能只是短暫地看見牠，而且只是在眼角瞥見牠——但那一瞥是個恩賜，我們會一直珍惜這一瞥本身的重要性。

可惜，在我們的文化中，**羣體**太多時候表示一羣人一起衝過樹林，將靈魂嚇跑。在由教會到課室的空間，我們講道和教導，提出主張和論證，宣稱和宣告，勸誡和勸導，而且普遍的行為方式都令原創和野生的一切躲藏起來。在這些情況下，理性、情感、意志和自我都可能浮現，但靈魂卻不會出現。我們嚇跑所有靈魂上的東西，例如值得尊重的關係、善意和盼望。

信任圈是一羣人，他們知道怎樣一起安靜地坐在「樹林中」，等候害羞的靈魂出現。在這種羣體中，關係不是催迫，而是耐心的；這些關係不是對抗，而是憐憫的；它們不是充滿期望和要求，而是有持久的信心，相信內在教師的真實，以及相信每個人都有能力向這教師學習。詩人魯米掌握了這種在一起的方式的本質：「一圈可愛、安靜的人／成了我指頭的指環。」[6]

我們很少人經歷過大規模的羣體，是擁有這些質素的，但我們可能有這樣的單對單關係。藉著思想這些小規模的信任圈的動力，可以令我們對比較大的獨處羣體看起來會怎樣，有更敏銳的感覺，也可以提醒我們自己，兩個為靈魂製造安全空間的人，可以支持彼此的內在旅程。

例如：想想一個幫助你朝真我成長的人。我想到這樣的人時，第一個想起的是家父。雖然他是勤勞和成功的商人，但卻沒有迫我走向他的，而不是我的目標。相反，他製造空間，讓我成長到自己的自我身分。在整個中學階段，我的成績都很普通，每一科都是這樣，雖然我在標準的智力測驗中總是表現不俗的。回顧起來，我驚歎地發現爸爸從沒有要求我「發揮潛能」。他相信如果我有過學術生涯的天分，那天分會在適當的時候開花結果，而在我上大學時正是這樣。

幫助我們成長為真我的人，給我們無條件的愛，沒有斷定我們有缺乏，也沒有嘗試迫我們改變，而是按我們的本相接納我們。但這種無條件的愛沒有令我們滿足於現狀。相反，它以一個力場圍繞我們，令我們想由內到外成長。這力場安全得令我們可以冒險，忍受成長要求的失敗。

不單我父親為我這樣做；在我聽到的這種故事中，每一個都具備這個元素。我們在一個空間朝真我成長。在那裏，我們的成長不是由外在的要求推動，而是由愛拉向前，進入我們最佳的可能性。

以下是一種方法，讓我們明白信任圈中的關係：這些圓圈將無條件的愛或尊重，與有盼望的期待結合，創造一個空間，是同時保護和鼓勵內在旅程的。在這樣的空間，我們有自由聽到我們自己的真理，觸及帶給我們快樂的東西，對自己的錯誤實行自我批評，冒險朝改變邁步，並知道無論結果怎樣，別人都會接納我們。

有另一種單對單的關係，以微觀的方式，反映我們怎樣蒙召在信任圈中彼此交往。我想到我們有些人在垂死的人牀邊，「陪伴」別人走最孤單的旅程時的經驗。

我們與垂死的人坐在一起時，對「一起地單獨」是甚麼意思有兩個重要的洞見。首先，我們明白，我們必須放棄那種往往將關係扭曲的自大，這種自大就是，相信我們對別人的困難能夠提供答案。我們與垂死的人坐在一起時，明白在我們面前不是一個「有待解決的問題」，而是一個需要尊重的奧祕。我們找方法尊重地站在那奧祕旁邊時，開始看見，如果我們較少充當問題解決者這個角色，我們所有關係都會得到深化。

第二，我們與垂死的人坐在一起時，發現我們必須克服往往令關係扭曲的恐懼，這種恐懼令我們在對方顯示一些令人迷惑、痛苦或醜陋得難以忍受的事情時，轉身離開。死亡可以是比這一切更甚的東西。但當我們以我們的凝視、我們的心、我們的禱告支持垂死的人，知道轉移視線會是不尊重時，我們在這刻可以獻出的惟一禮物，是不分心的注意力。

人們與垂死的人坐在一起時，知道自己不單是在房間中佔有空間。但如果你要求他們描述那「不單」是甚麼，他們很難找到合適的話。而當合適的話出現時，幾乎總是「我只是與他同在」的某種版本。

我們與垂死的人坐在一起時，學習「實踐同在」——視我們之間的空間為神聖，尊重靈魂和它的命運。我們的尊重可能是無言的，或許由垂死的人不能聽到的言語傳達。但這尊重在我們見證彼此走進終極的獨處時，令我們保持聯繫。

我沒有能力從彼岸傳回報告，所以我不知道對垂死的人來說，有人「實踐同在」有甚麼意義。但我有來自自己經驗的直覺。我進入我需要獨行的死寂黑暗——稱為抑鬱症的黑暗時，我從少數既不逃避我，又不嘗試拯救我，而只是與我同在的人得到安慰。他們願意與我同在，顯示**他們**相信，我有內在資源去走這有潛在危險的艱苦旅程；**我**的信心正動搖，他們安靜地給予支持——或許，真的，我有這資源。

但我仍然不知道垂死的人經歷甚麼。但我知道的是：我寧願在實踐簡單同在的人陪伴下死去，也不想孤獨地死去。我也知道，我們都走向死亡，一直都是這樣。因此，為甚麼等到最後幾小時，才對彼此獻出我們的同在？這是我們現在就可以在信任圈中獻出和接受的禮物。

兩個獨處的人

沒有人比詩人里爾克更美麗和準確地描述信任圈特有的關係。里爾克寫道：「這其中包含的愛，兩個獨處的人互相保護，互相靠近，互相致敬。」[7]

這種愛令靈魂感到安全，原因至少有兩個。首先，它排除了我們有時以愛的名義向彼此施加的暴力。我指的不是虐待關係中明顯的身體暴力，而是我們因為嘗試幫助別人而侵犯他們的獨處時，施加的隱晦暴力。

在《希臘佐巴》（*Zobra the Greek*）這本小說中，卡山札基（Nikos Kazantzakis）講述一個故事，顯示一些幫助別人的努力會帶來真正的傷害：

一天早上……我在樹皮上發現一個繭，那時蝴蝶正在繭中弄一個洞，準備飛出來。我等了一會兒，但時間似乎太長。我變得不耐煩。我彎下身，向那個繭吹氣，令它暖和。我儘快令它暖和，奇迹開始在我眼前出現，比生命更快。那個繭打開了，蝴蝶慢慢爬出來。我永遠不會忘記，我看到牠的翅膀摺在後面，扭曲了時，感到的恐懼。我向蝴蝶彎身，嘗試以我的呼吸幫助牠。但卻徒然。

牠需要耐心地爬出來，翅膀應該在太陽下緩緩張開。但現在已經太遲了。我的呼氣迫蝴蝶過早出現，令翅膀扭曲。牠絕望地掙扎，幾秒後便死在我手掌中。

我相信，那小小的身軀是我良心上最沉重的重量。今天我明白，違反自然的偉大定律是致命的罪。我們不應該匆忙，我們不應該沒有耐性，而應該懷著信心服從永恆的節奏。[8]

對失去正常生活的能力，以致未能幸福過活的人，我們可能需要令他們恢復活力的機會甚少。但大部分人可以，也必須，以自己的方式，在自己的時間甦醒，如果我們嘗試加快過程來幫助他們，結果只會帶來傷害。在信任圈中，兩個或更多獨處的人彼此保護、彼此靠近、彼此致敬時，我們得到自由，根據「自然的偉大定律」過自己的生活，並學習怎樣更深刻地過這種生活。

我們可以以更尖銳的方式提出這點：尊重別人的獨處，這種愛能夠提供防護，對抗業餘的心理治療——這種創造了很多「不信任的圓圈」，惹人討厭的事情。信任圈不是治療小組。它不是由專業的治療師協調，它的成員之間沒有治療的協議。在這個世代，人們在沒有資歷、才幹或邀請下實行治療，兩個獨處的人彼此保護、彼此靠近、彼此致敬的畫面，可以令我們不致落入這種人際暴力的常見形式。

這種愛令靈魂感到安全的第二個原因是，它防止善意的忽略。我們明白我們幫助別人的努力可能幫助不到別人，甚至幫倒忙時，我們可能會開始避免看他們的掙扎和痛苦，不知道應該怎樣做，因為自己的無能而感到尷尬。如果我們「修正」別人的努力不能幫助他們，甚至可能傷害他們，除了走開外，還有甚麼可以做？

里爾克的愛的意象給我們第三個選擇。我們不修正有問題的人，也不令他們失望，而是在他們獨處的邊緣，以簡單的專注站著——相信他們裏面有他們需要的資源，我們的專注有助令那些資源發揮作用。

信任圈包含的關係既沒有入侵性，也沒有逃避性。在這空間中，我們既不侵入別人真我的奧祕，也不逃避別人的掙扎。我們不動搖地與彼此同在，同時又消滅任何要彼此修正的衝動。我們在以各自的步伐和深度，去各自需要去的地方，學習各自需要學習的東西時，彼此給予支持。

還有另一種方法，描述創造信任圈的那種愛：這種愛要求我們視靈魂本身為目的。我們往往視彼此交往為手段，藉以達到自己的目的，給彼此「尊重」，希望自己可以從中得益。在這些情況下，某些官能，例如自我，會顯露出來，看能否得到甚麼好處。

但只有在我們彼此接觸，以歡迎靈魂為惟一動機時，靈魂才會出現。我們對彼此的獨處加以「保護、靠近和致敬」時，便打破我們操控的習慣，令靈魂可以安全地浮現。

我再次想到那個農業部的人。如果退修會的那些人試圖利用他影響公共政策，我相信他不會聽到自己的靈魂說：「你向土地負責。」如果他被當為別人的政治目的的手段，他會以理性、情感、意志或自我回應，但他的靈魂會全面引退。他能夠聽到自己的靈魂說話，並帶來政治結果；只是因為沒有人試圖利用他的靈魂去達到這個目的。

這裏有一個富挑戰性的弔詭，也是信任圈的關鍵。尊重靈魂，對我們在世界上的工作會帶來結果。但如果我們想這些結果出現，我們接近靈魂時的原因必須是為了尊重它，而不是嘗試指示或要求有某些結果。

這個弔詭，最好以一個故事來解釋。曾經有一個羣體的領袖來訪，他們的學校因為種族和民族的張力而受損，他們想我幫助他們創造一個信任圈，解除這個危機。雖然我關心他們的困境，但我必須告訴他們，我愛莫能助——至少不能在那環境下幫助他們；因為他們的要求反映了，他們對圓圈之所以值得靈魂信任，持錯誤觀念。

實際上，你不能聚集人們，並說：「在這個圓圈，我們邀請你的靈魂說話，讓我們可以解除我們種族的張力。」你這樣做的一刻，一種不能帶來預期結果的扭曲便會出現：我在圓圈中，因為我有「白種的靈魂」；他在這裏，因為他有「非洲裔美國人的靈魂」；而她在這裏，因為她有「拉丁美洲的靈魂」。但靈魂不分種族或民族，它是我們的共同人性和我們個別獨特性的核心。我們一旦嘗試以社會學分類困住靈魂，希望影響某個問題，靈魂便會儘快逃跑，因為我們扭曲了它的本性。

我們創造一個空間，讓靈魂感到安全時，它會幫助我們處理我們分歧最大的問題。在圍繞種族、階級、性取向和其他富爭議性的事情，我都多次看到這個成果。但邀請靈魂出現，藉以解決社會問題，就是嚇跑它，好像我們動手修正別人時一樣。

在我們功利的文化中，很難堅持一個觀念：信任圈不是關乎解決可見的困難，而是關乎尊重一不可見的事物——其名為靈魂。但當我們學習信任我們裏面那不可見的能力時，便會看見自己、其他人、我們的機構和我們的社會邁向正直。

我們信任甚麼

在信任圈中，我們究竟信任甚麼？至少有四件事情：

- 我們信任靈魂，它的實在和能力，它的自足，它說出真話的能力，它幫助我們聆聽和回應我們聽到的事物的能力。

- 我們信任彼此有動機、紀律和善意，去創造和維持一個安全的空間，足以歡迎靈魂。
- 我們信任那些原則和實踐，以創造這種空間，並保護裏面的關係，明白到傳統文化的拉力不斷存在，很容易將我們往一些行為的方向拖過去，把害羞的靈魂嚇跑。
- 我們信任以不帶著「要改變的議程」來歡迎靈魂，能夠為個人和機構帶來轉化的結果。

在接著幾章，我會詳細描述創造信任圈所需的實踐。但在結束這章前，我想講述一個真實的故事，顯示在實踐中，信任靈魂、信任彼此、信任那些原則和實踐，以及信任這個主張——正因為我們不要求轉化，轉化才可能發生——會是怎樣的。[9]

在一個我為公立學校教育工作者提供幫忙的長期小組中，有一位富經驗的中學工藝教師，他承認自己「不明白」。在八次退修的頭六次，添（Tim）都靜靜地坐著，顯得不自在、分心，有時也鄙視那個過程。在那六次退修中，每次他都將我拉到一旁問我：「那裏究竟在攪甚麼鬼東西？」六次我都告訴他，他的問題雖然發自內心，但卻是我不能代他回答的。

進行第七次退修時，我們很快便明顯看到有些事情發生在添身上，是他渴望告訴我們的。他說，過去兩年，他都與校長陷於權力鬥爭之中。校長堅持要他參加暑期學院的課程，學習以新的高科技方法教導工藝。長達兩年，添都同樣的堅決拒絕校長，而且變得愈來愈憤怒。

他告訴校長：「這高科技只是另一個會消失的時尚。而即使它不消失，它也不是我學生現在需要的東西。他們需要實際經驗！而那是我應該懂得的。我教了工藝二十年。那暑期學院是騙人的東西，我不會將我的時間和你的金錢浪費在那裏。」

長達兩年，添和校長都在這個擂台搏鬥。幾個星期前，第三個回合的鐘聲響起。校長再次召見添，提出要求，添再次拒絕。

但這次，添說的話和以前不同。他告訴校長：「過去一年半，我都與這羣探討內在生命的教師坐在一起，我開始發覺我也有內在生命！現在我明白，關於為甚麼我不參加暑期學院，我一直對自己和對你說謊。

「事實是：我害怕。我害怕我不明白他們說甚麼。我害怕我明白的東西會令我感到，自己過去二十年都以錯誤的方式教導。我害怕從學院回來後，我會感到自己正在走下坡。我仍然不想去，但至少我可以將原因坦白告訴你。」

添停了一會，然後繼續說：「校長和我安靜地坐了一會，凝視著地面。然後抬頭對我說：『你知嗎？我也害怕。我們一起參加吧。』」

關於信任圈，這個故事體現了很多我想說的話。

它顯示一個人得到空間聆聽自己的靈魂，聽它的聲音，找到勇氣按靈魂所說的行動時，可以發生甚麼事情。它顯示說真話有能力轉化我們、我們的關係和我們在世界上的工作。正如後來添與校長參加暑期學院後，他談到自己時說：「我不再沮喪。我身為教師的召命得到更新。」

但這個故事不單是關於添，這個經轉化的教師。它也是關於一個由人組成的圓圈，這圓圈容許添以自己的步伐和自己的方式走內在的旅程，信任他所需要的真理是可以從裏面找到，會在他預備好時出現。他們沒有嘗試迫蝴蝶開始牠的生命，也沒有走開，不理牠的死活。在這個信任圈中，對於添，他們既沒有侵入，也沒有避開，而是容許他找到改變生命的洞見，是他以其他方式可能永遠都找不到的。

在最初那六次退修中，任何上過心理學入門課程的人，都會輕易品評添，因為他的情況十分明顯。人們可以說：「你知嗎？你的問題是害怕。」但如果人們這樣對待他，他會做我們被入侵時所做的事：盡全力抗拒這診斷，而他靈魂的真理則會退入樹林深處。

在頭六次退修時，小組可以輕易對準添，好像小組常見那樣，逃避或論斷某人，因為他們受到那人的行為威脅。他們可以說：「拜託！參加計劃吧！不要再傳遞那些無言的訊息，令我們其他人感到自己好像傻瓜。參與吧，要不就放棄，讓別人參與！」

但那個小組沒有發生這種事。他們由信任圈的原則和實踐引導，沒有人嘗試分析或糾正添。沒有人回應他的行為，視之為對他們或小組的論斷。沒有人論斷他，藉以安撫自己的感受。相反，每個人都為添營造開放、信任和可靠的空間，沒有人感到被冒犯，也沒有人冒犯他，直到他學會他需要從內在的教師學會的東西。這個教訓變得可能，是因為羣體知道怎樣給予添的獨處「保護、靠近和致敬」。

創造和保護這樣的空間，需要甚麼？這個問題是接著五章的焦點。

註釋：

1. Robert Bly, *The Morning Glory: Prose Poems* (New York, NY: HarperCollins, 1975), epigraph.
2. 認為「我屬於誰」和「我是誰」的問題同樣重要，是我在與已故的斯蒂爾（Douglas Steere）談話時得到的觀念。他是貴格會的哲學家兼作家，曾經在 Haverford College 任教。
3. Dietrich Bonhoeffer, *Life Together* (New York, NY: HarperCollins, 1954), 78.
4. 參Igumen Chariton of Valamo, *The Art of Prayer: An Orthodox Anthology* (London: Faber & Faber, 1997), 110, 183。
5. *Fellowship*, Nov.~Dec. 1997, 23, 引述Tissa Balasuriya, *Mary and Human Liberation* (Harrisburg, PA: Trinity Press International, 1997)。
6. Rumi, "I Have Such a Teacher," in *The Soul Is Here for Its Own Joy*, ed. Robert Bly (New York, NY: Ecco, 1999), 160.
7. Rainer Maria Rilke, *Letters to a Young Poet*, trans. M.D, Herter (New York, NY: Norton, 1993), 59.
8. Nikos Kazantzakis, *Zobra the Greek* (New York, NY: Simon &

Schuster, 1952), 120~121.

9. 我在*The Courage to Teach* (San Francisco, CA: Jossey-Bass, 1998), 59~60 中使用過這個故事。我在這裏從不同的角度、為了不同的目的重述這個故事。

第五章

為旅程作預備

創造信任圈

我將盼望釘在安靜的過程和細小的圓圈上，在其中重要和轉化的事件發生。

——拉夫斯．瓊斯（Rufus Jones）[1]

矛盾的情況

海勒（Joseph Heller）的經典小說《第 22 條軍規》（*Catch-22*）講述戰爭的瘋狂，分析引導轟炸機機師的「邏輯」。如果你明白你身處的危險，要求解除職務，不會得到批准。為甚麼？因為你明白危險，表示你頭腦正常，而只有瘋狂的機師才獲准解除職務。因此你必須繼續駕駛轟炸機，雖然你這樣做是瘋狂的！矛盾的情況（catch-22）證明是我們這個時代的一個恰當的比喻。這個時代似乎充滿「困難的處境，而惟一的解決方法被困難裏固有的情況勾消了」。[2]

我與別人談及加入或形成信任圈時，經常想起矛盾的情況。感到與自己的靈魂有失去聯繫的危機的人，說他們需要這樣的圓圈。但他們又往往宣稱，自己破碎和狂亂的生命，也就是令他們處於險境的生命，令他們不可能加入這樣的圓圈！令我們需要安全空間的情況，似乎阻止我們得到我們所需要的東西。

但脫離矛盾的情況的出路，正好隱藏在「似乎」這個小詞中。我們不能擁有我們真正需要的東西，這個觀念是由文化施加的幻象，令我們陷於一切如常的泥沼中。但幻象需要被打破。我忙碌嗎？我當然忙碌。我忙得不能過自己的生活嗎？除非我不珍惜它，以致願意將它拱手交給敵人。

我們不能陷入矛盾的情況，除非我們同意這樣做，因此出路是清楚的：我們必須成為自覺的反對者，反對令我們與自己作戰的力量，這些力量攻擊我們的身分和正直，侵犯我們靈魂的神聖。

我十分明白採取這種立場的困難，但參與信任圈，幫助我找到勇氣這樣做。在過程中，我學懂，藉著屬於這樣的圓圈，不單配合我們忙碌生命的限制，也可以幫助我們脫離這些限制。因此既向所有抗拒矛盾的情況的人致敬，也為所有打算這樣做的人服務，我想探討這種羣體形式的五個特點，是令它能夠讓人接觸、富吸引力和生產力的，即使是在很多瘋狂之中。這五個特點是清楚的界限、有技巧的領導、開放的邀請、共同的基礎和得體的氣氛。

清楚的界限

無論我們感到多麼需要有信任圈，很少人可以想像在「一切以外」再花時間在羣體上。而即使我們可以這樣做，也很難想像其他人能夠或願意與我們一起。

但我們的困境只有部分源於一天只有二十四小時，也有部分是因為**羣體**這個如萬花筒般的字眼，在每次轉動都會有新意思，可以引發對過去時代的烏托邦意象，那是較緩慢、較簡單的時代，人們在村莊或小鎮中靠在一起生活。如果羣體要成為不單是少數幸運人士的選擇，我們必須擺脫這些浪漫的幻想，創造一起的生活形式，是能夠尊重當代現實的。

信任圈正是這樣做，因為它們有傳統羣體缺乏的界限。例如：這種圓圈不如傳統羣體那樣，需要倚靠重要的羣眾。兩個知道怎樣對彼此的獨處給予「保護、靠近和致敬」的人，也可以形成信任圈。當然，隨著圓圈的大小擴展，我們相互照亮的機會也增加，外在的上限大約是二十五人。但兩個人或一個小組，只要為靈魂創造安全的空間，也可以在走向不分割的生命中彼此支持。

與傳統的羣體不同，信任圈不需要不斷成為我們生命的處境。我們可以與這羣人一星期會面一兩小時，一個月聚集大半天，或者在一年中的三個週末聚集。我們對彼此的委身應該有結束，而且這結束是預先同意的，例如在第一次聚集後十二個月結束。有了這個條件，如果人們經歷不到支持，便可以體面地退出；而如果經歷到支持，便可以更新大家的參與。

與傳統的羣體不同，信任圈毋須只限於居住在附近的人。我生命中一個非常重要的圓圈，由來自全國各地的人組成，大家一年只聚集兩三次。但我們共有一種很強的文化，有尊重靈魂的關係，以致每次我們聚集的時候，都好像老朋友重逢一樣，彷彿從沒有分開過。

與傳統的羣體不同，信任圈不需要成為我們生命中惟一的母體；我們無可避免地屬於其他類型的羣體。也與傳統的羣體不同，信任圈毋須獨立存在，而是可以存在於有持續建制生活的環境中，例如宗教機構或職場。

與傳統的羣體相比，信任圈可能缺乏規模、範圍和延續性。但由於它對本身的生命具有意向性，補足了它所缺乏的。信任圈對我們為甚麼聚集，我們想去哪裏，如果我們要到達終點，必須怎樣彼此交往，都具有意向性。

其他形式的羣體往往缺乏這種意向性，削弱它們對人們生命的影響。例如教會要求會友確認某些宗教信念，以及那些信念包含的使命。但教會對指出支持它們的信念和使命的有關規範和實踐，卻很少具有意向性，更不要說要求會友委身於這些規範和實踐了。結果，很多教會中的關係都是由世俗文化的規範模塑，多於由宗教傳統的規範模塑。

例如：很多教會都宣稱相信救恩惟獨來自恩典。但由於他們沒有建基於這個原則的有關實踐，會友往往堅持嘗試一種文化習慣，要互相「拯救」，抵觸他們自己的神學，也驅使大家的靈魂躲藏起來。正因為這樣，我有時聽到上教會的人說，他們不能將自己最痛苦的困難帶到教會羣體的核心，因為在那裏，人們的關係往往具有侵略性。

但在信任圈中，我往往聽到參加者說：「這裏發生的事情，正好是我對自己的宗教羣體所期望的。」一個有時限，對過程有意向性的細小圓圈，比由傳統文化的規範模塑，龐大而持續的羣體，有更深刻、更能夠賦予生命的影響。

信任圈那種意向性，甚至可以轉化那種時間緊迫的感覺，這種感覺令我們不認真看待羣體。要屬於這種圓圈，是需要時間的。但當我們花時間在一起，對我們的生命有富意義的結果時，便不會再感到時間不夠。我們學會對靈魂的智慧有更大的回應時，時間和生命本身都會變得更豐足。

有技巧的領導

對於一個信任圈，第二個條件是有技巧的領袖或協調人，對為靈魂創造安全空間所需要的原則和實踐，曾接受基本的訓練。

當然，兩個知道怎樣對彼此的獨處給予「保護、靠近和致敬」的人，並不需要第三者協調。如果有深思熟慮的預備，他們兩個人可以自行，並且為了他們自己保存這樣的空間。事實上，每個信任圈，無論大小，都要求其中每個人幫忙保存安全的空間：我們只需要看看那個工藝教師的故事，他因為圓圈中沒有人入侵或躲避他而正視自己的恐懼。

但圓圈愈大，有指定的領袖便變得愈重要。信任圈的規範是十分反文化的：「你們甚至不能**嘗試**互相拯救！」但傳統文化的引力場不斷將我們拉向入侵性的交往方式：「我們之所以在地上是為了互相拯救！」圓圈愈大，某些人愈可能屈服於引力，所以我們需要有領袖制止這由引力驅使的自由墜落，令空間再次變得安全。

可惜，我們對領導的觀念，由將領導連繫到等級制度的神話破壞，彷彿只有從上而下運作的系統才需要領袖。這個神話認為，如果我們在「羣體」中——這個詞在萬花筒中一轉，便產生一種共同的本能生命的傳奇——我們不需要有指定的領袖，可以容許這個角色自然地由一個人傳給另一個人。

但根據我的經驗，羣體比等級制度更需要領導。等級制度有明確的目標，妥善建立的分工，以及一套關於事情應該怎樣運作的政策。如果機器設計得好，上了潤滑油，它幾乎可以自行運作。羣體則是混亂、自發和富創意的力場，需要得到不斷的照顧。而當羣體好像在信任圈中那樣，有反文化的目標時，它就更需要照顧。如果缺乏一個以原則為基礎、對實踐熟練、並得到領導權威的領袖，信任圈會失敗，因為它要求的關係性文化（relational culture）十分罕有，也十分脆弱。

這種領袖需要的權威與權力不同。任何人只要控制著強制的工具，便會有權力。這些工具包括由分數到槍械。但權威只由別人賦予。甚麼令我們賦予別人權威？這個詞語本身已經包含了一個提示。對我們認為是「創造」（authoring）自己的言語和行動的人，我們給予權威（authority）。這些人不根據劇本說話，也不以預先編排的方式行動。

換句話說，我們給權威予我們視為過著不分割的生活的人。由於信任圈是為了幫助我們這樣生活，領袖或協調人必須參與這圓圈：如果好像領袖有時所做那樣，站在過程以外，成為分割的象徵，便會削弱個人在小組中的權威。

協調人－參加者的角色既要求高，又有很大回報。親自投身於那過程中，幫助我走那旅程，也令小組對我身為領袖的合理性有信心。但我不能讓我的需要佔有我應該為別人而保護的空間，更不能令別人覺得我太脆弱，不能帶領。身為協調人－參加者，我必須保持平衡，以別人「授權」給我的方式帶領，但又不會削弱我的權威。

在信任圈中，協調人的角色十分容易界定：在平等的人中第一個創造和保護一個空間，讓每個人的靈魂都可以感到安全。但這個角色並不容易扮演。它需要有根基、訓練、師傅的傳授和經驗。更深刻的是，協調人必須明白，在人們應邀開放靈魂，並得到承諾靈魂不會受到傷害的工作中，那責任是多麼重大。

在這本書中，我盡最大努力解釋，在信任圈中良好的協調有甚麼原則和實踐。但這種領導需要一些經驗，是沒有書本可以提供的。因此本書後面有一些資料，是與協調人面對面的預備課程有關的。[3]（編按：中文版不包括這部分）

有些人由於個人天賦和過往經驗，可能已經有資格協調信任圈。但大部分從事這工作的人都會跟我說同一番話：為靈魂保存空間，比我嘗試過的任何領導都更具挑戰性，我需要師傅的傳授才能夠明智和好好地去做。

開放的邀請

信任圈的第三個條件是，每個人的參與都是對開放的邀請的自願回應，沒有任何操控或強迫將害羞的靈魂嚇跑。

例如：雇主不能要求雇員參加信任圈。這是那麼明顯，如果我不是留意到人們在職場裏傾向以「建立團隊」或「靈性」的偽裝這樣做，我根本不會提及。雇主能夠也應該創造沒有約束的空間，讓雇員可以為了個人和企業的健康說一些真話。但正如那個有「等級圓圈」的大集團故事顯示，沒有甚麼比告訴靈魂它必須感恩圖報更容易令靈魂逃跑！

但令信任圈減弱的那種強迫，不單出現在雇主要求雇員「袒露靈魂」的時候。人們往往主動加入一個小組，**然後**經歷到要遷就的壓力。這些壓力可能是那麼隱晦，以致我們的自我（ego）幾乎留意不到，但稱為靈魂的地震儀很快便會感到那震盪。如果我們想歡迎靈魂，便必須避免任何壓力。

我可以透過描述新成立的信任圈的開始時刻，來說明我的意思，並多說一點與協調的藝術有關的事情。要確立這種新的反文化規範，我在開始時向各人保證，

> 這不是「非分享不可」（"share or die"）的事件！這個退修會進行時，我會發出邀請而不是命令。如果我發出的邀請，是你不想接受的話，請做你需要做的事，並知道你得到小組的全力支持，沒有人會提出問題。例如：如果我邀請大家分成小組，而你需要時間獨處，請自便。如果你想加入小組，但不想回答我提出的問題，可以提出你自己的問題，並給予回答。

你的靈魂比我更清楚你需要做甚麼。

給了人們選擇的自由後，我在所走的每一步都需要言出必行，否則那空間會變得不安全，我也會失去領導的權威。但原來這比表面看來更棘手。例如在開始的環節邀請人們介紹自己這件簡單的事情：「我邀請大家告訴我們你們的名字，如果你們想的話，也可以說幾句話，是關於甚麼令你感到充滿活力的。」

大部分人都會想說一些關於自己的話，部分是因為我提出的問題，而且我提出問題的方式，可以讓他們自由地以他們選擇的開放程度來回應。但有一兩個人可能想保持沉默，如果我做任何事情令他們感到被迫要說話，我在他們，或者甚至在別人眼中便會變得不值得信任。

因此我不會用以下方式邀請他們自我介紹：「我先介紹自己；然後由我右邊這位開始，大家輪流自我介紹。」這樣做會製造一種強迫的步伐，剝奪別人的自由。我會說的話是：「讓我們以片刻安靜開始。有人預備好介紹自己時，便請他或她這樣做，然後由任何想自我介紹的人繼續，直到所有想說話的人都說完話為止。」

偶然在自我介紹接近尾聲時，我留意到仍然有人沒有說話。我不知道這個人是否想說話。但如果我直接問對方，或者甚至向他或她投以疑問的眼神，便違反了不強迫的原則。我將眾人的焦點投向一個可能決定不說話的人身上，並表示我寧願他或她不要這樣決定！這樣我便至少失去一個人的信任，他或她看到，在我的議程開始之處，也是靈魂的自由終結之地。

在這樣的時刻，我身為協調人的任務是將空間停住一會，合上眼或將目光投向圓圈的中心。然後，在不望向任何人的情況下，我可以說：「讓我們安靜一兩分鐘，確保所有想說話的人都有機會這樣做。然後我們會去到下一步。」

我這樣便信守了這個承諾，給每個人自由選擇，但又確保沒有人被遺漏。有幾次，人們事後告訴我：「在圓圈開始時，我仍未預備好說話。謝謝你沒有勉強我這樣做。你幫助我信任那個過程。但我想在小組再聚集時介紹自己。」

協調人這樣停住空間時，是向所有有關的人傳達一個讓他們放心的信息：「我說這不是『非分享不可』的事件時，是認真的。我不單要提出這個圓圈的規範，也要示範根據這些規範行事是甚麼意思。我會盡我所能令這空間讓你的靈魂感到安全。」清楚和一致地傳達這個信息，是守護信任圈的關鍵。

共同的基礎

信任圈的第四個條件是創造共同的基礎，讓有不同信仰的人可以探討內在生命的問題。在世俗環境中，共同的基礎尤其重要，好像在公立學校，在那裏多元化必須得到尊重。甚至在教會這種我們假設人們有某些共同信念的環境，共同基礎也是重要的。在信任圈中，人們感到有自由用自己的話說出自己真正相信甚麼，他們有時會發現大家的共通點比我們或他們以為有的更少。

但在我們創造開放的基礎，歡迎多樣化時，我們不能容許人們漫無目的地遊走。靈魂想得到接待，但也想得到誠實對待，想應付富挑戰性的問題，而這是我們寧願避免的。我們可以怎樣保持圓圈向不同觀點開放，同時又令它專注於艱難的真理？如果我們不能回答這個問題，我們的談話便不會帶我們進入深處，愛真理的靈魂便會離開那個房間。

在某些長期的信任圈中，我們藉著以季節的比喻來安排我們的探索，創造既開放又專注的共同基礎。[4]這些比喻一再證明它們有能力主持尊重人的談話，在多樣化的聲音中專注於富挑戰性的問題。季節的比喻幫助人們以任何對他們有意義的語言，談及我們往往避開的問題，而又不會令任何人冒犯別人，或感到被冒犯。

我可以用每個季節的一個比喻作為例子來說明這點。我們往往在秋天開始小組，在這個時候，很多人在夏季休息後重新開始工作，大自然也藉著播下種子再次開始她的工作。在這個新開始的季節，信任圈可以探討「真我的種子」。

你和我帶著完整的身分來到地上時，播下了甚麼種子？我們可以怎樣回想和取回那些與生俱來的天賦和潛力？我們透過自傳探討這些問題，分享童年的故事，這些故事包含一些提示，是關於內在和周圍的力量開始破壞我們對真我的感覺之前我們是誰。透過這樣講故事，我看見已經耗盡的教師重拾帶領他們加入教師行列的熱誠，決定不讓任何人再將這熱誠奪去。

但在秋天以這種盼望播下、包含可能性的種子，最終必須忍受寒冬。在那時，我們出生時帶有的潛質似乎已經死去，消失無蹤。我們放眼我們生命的冬日景觀時，似乎清楚的是，秋天播下的任何種子，現在都深埋在雪下，被冷藏，凍死了。很多沮喪的人認為，「死寂的冬天」這個比喻實在十分恰當地描述了，他們荒涼的內在生命。

但如果我們明白自然世界的冬天，便會發覺，我們在外面看到的不是死亡，而是休眠。當然，部分生命死去。但大部分生命都去到地底，進入冬眠，等候更新和重生的季節。因此冬天邀請我們指出任何在我們裏面感到好像死去的東西，猜想它實際上是否只是休眠，並問我們可以怎樣幫助它和我們自己「渡過冬天」。

發覺我們包含多少休眠的狀態，可以是十分有力的經驗。我們成年人喜歡假裝自己是圓滿的。如果我們願意脫下這個虛飾，承認我們生命中仍未實現的一切，便可能會有好事發生，而且不單對我們是好事。例如：教師發覺他們裏面休眠的東西時，他們會更容易察覺學生中休眠的東西，因而能夠成為更好的教師。曾經遇過很好的老師的人幾乎總是說：「那個老師在我裏面看見一些我自己看不見的東西。」

春天是令人驚訝的季節，我們再次發現，雖然我們一再懷疑，但冬天的黑暗會由光明取代，冬天的死亡會帶來新生命。因此春天的一個比喻是「弔詭的綻放」(“the flowering of paradox”)。春天的驚歎源自冬天的艱難，我們應邀思想眾多的「亦此亦彼」(“both-ands”)，是我們必須持守才能夠全面地好好生活的，並且更相信，身為大自然中的造物，我們骨子裏知道怎樣持守這些「亦此亦彼」。

我們的信心愈深，我們需要忍受的疑惑也愈多；我們的盼望愈深，我們愈傾向絕望；我們的愛愈深，失去愛帶來的痛苦便愈大；這些是我們身為人類必須持守的其中幾個弔詭。如果我們拒絕持守它們，希望沒有疑惑、絕望和痛苦地生活，便會發現自己沒有信心、盼望和愛地生活。但在春天，我們記起人的本性就好像大自然一樣，可以將相反的事物作為弔詭來持守，帶來更寬廣和豐盛的生命。

夏天是豐富和第一次收割的季節。追蹤了真我的種子由出生，經歷死亡和休眠，進入開花的艱苦旅程後，我們可以看在我們裏面生長的豐富，然後問：「這收成要給誰吃？我蒙召在哪裏獻出我的天賦？」在我們生命的夏天，我們更清楚自己**屬於誰**，而這是植根於我們對自己**是誰**的認識。[5]

理想主義者傾向太早問「屬於誰」的問題：我們想滿足世界的需要，但在嘗試付出更多，超出自己的能力時，卻使自己耗盡。我不能獻出自己沒有的東西，所以我需要知道我裏面有甚麼天賦，是已經預備好可以收割和與人分享的。如果我獻出的天賦是我的，源自真我的種子，我可以將它們獻出而又不致耗盡。好像樹的果子一樣，在適當的時候它們會自行再補足。

以季節為藍本的信任圈，可以幫助我們成為自己靈魂的園丁。它可以教導我們每個好園丁都知道的事情——生命是我們裏面的各種能力不斷的相互作用，我們要為此負責；生命也是我們外面的各種能力不斷的相互作用，我們對此沒有多少能力控制。我們學習梅頓稱為「普遍的舞蹈」這種生命的舞蹈藝術時，我們可以以更多的信心和恩典參與其中；這舞蹈是一個共同創造的過程，在其中，我們有時帶領，有時跟從。[6]

在我們多樣化的信念和不信中，季節的比喻有能力為我們的內在生命主持一個開放但聚焦的探究。為甚麼？因為在我們多種的信念底下，我們分享一些比信念更深刻的東西：深植於自然世界的受造物生命，以及呼應自然節奏的經驗循環。季節的比喻喚起我們的共同狀況，容許我們以既挑戰又安慰我們的方式探討它。[7]

我聽過人們說，在我們的社會，真誠的對話已經變得不可能，因為隨著社會的多樣化增加，共同的基礎似乎縮小了。但在由季節的比喻創造的空間中，不可能的事情也可以發生。

我見過一位世俗的猶太教授，他遠離所有宗教的事情。這位教授坐在圓圈中，對著一位屬於五旬節聖潔會的非洲裔美國人教師。我聽著這兩個人探討有深刻意義的事情，兩人都以個人正直的語言說話。我看見他們開放和尊重地相待，感到他們在過程中變得更開放。

在我們受傷的世界，這種對話是交融的奇迹——因為某些比喻喚起我們生命中隱藏的整全，而使之變得可能的奇迹。

得體的氣氛

還有一個條件，幫助信任圈吸引靈魂，以及吸引被困於矛盾的情況的人。我們必須在擁有簡單得體的環境中聚集，並且跟隨時間表行事。

我們往往在十分醜陋的地方聚集，令靈魂受到排斥。任何花過很多時間在酒店會議室的人都明白我的意思。那些房間的天花板要不是太高便是太低；房間中很少，甚至沒有窗戶；房間的光線刺眼，將人染成綠色；裏面有一排排不舒適的椅子，有時甚至是固定在地上的；房間的堅硬表面使聲音都有回音；空調系統製造很多「白色噪音」(white noise)，以致很難聽到人們說話；那些裝飾也不配稱為裝飾。

我們似乎忘記了，我們聚集的環境會影響在我們裏面和我們之間發生的事情的質素。值得慶幸的是，歡迎靈魂的環境有一條簡單的公式：製造一個環境，與我剛描述的情況相反！

- 房間不能太擠迫，也不能太空洞，要有足夠的空間容納一圈舒適的椅子，(如果小組比較大)椅子應該可以輕易移動，分成更小的組。

- 房間應該有窗戶，與眼睛成水平的，讓人在視覺上放鬆，容許外面的世界進入。
- 裝飾應該溫暖和吸引，簡單而得體，例如鮮花。
- 地上應該有地毯，讓聲音不會四處回撞，音響效果應該容許所有人都聽見微小的聲音。
- 光線應該明亮和溫暖，而不是熒光和冰冷。

信任圈的時間表與歡迎靈魂及周圍環境的美同樣有關連。具體的空間和時間的流動都有一種美學，是靈魂會回應的：時間安排得宜，是具體上感到舒適以及溫暖的對應。

但很多時間表都可用**不得宜**來妥貼地形容。如果我們為了證明這樣運用時間是合理，便把必須完成的事情塞滿其中，我們的聚會便會迫我們從一個題目走向另一個題目，不可能深入和好好地探討任何事情。我們一起闖過樹林，帶來破壞，上氣不接下氣，與我們的理性和自我停留在表面，而一切有靈魂的東西都逃到樹林深處。

要製造歡迎靈魂的時間表，有三個關鍵：放慢下來，以更少做更多，以及留心節奏。例如：以下是一個持續的信任圈在一整天聚集時上半部的時間表，我會在以下幾章探討這個時間表的主要元素。

我們在星期六上午九時聚集，開始時有三四分鐘的安靜。然後協調人邀請大家花十五分鐘，自由組成三人小組，圍繞一個問題互相發問：「自從我們上次聚會後，你的生命中發生了甚麼事是你想其他人知道的？」

小組分享結束時，協調人派發一首詩，將早上的對話集中在當天的題目上。那題目是「真我的種子」，而那首詩是瓦科特（Derek Walcott）的〈愛追求愛〉（“Love After Love”）：

到了某個時候
你會懷著喜悅，
歡迎你自己來到
你自己的門，在你自己的鏡子，
彼此會以微笑回應對方的歡迎，
然後說，坐在這裏。吃吧。
你會再愛那個陌生人——你本人。
獻出酒。獻出餅。將你的心回獻
給它，給那一生都愛你的
陌生人，是你以前為了別人而
忽略的，但它心裏認識你。
從書架上取下那些情書，
那些照片，那些絕望的筆記，
將你自己的形象從鏡上剝下。
坐下。享用你的生命。[8]

這首詩只有半頁紙，但會用去我們接著的兩個半小時。在第一個小時，協調人藉著提出問題，容許大家彼此探索這首詩和我們的經驗，從而引導大家探討這首詩和我們的主題。接著協調人會要求大家安靜地休息三十分鐘，讓大家有機會思想我們聽到和說過的話，這時大家可以散步、寫札記或做靈魂要求的任何事情。

接著協調人邀請我們自由組成三人小組，聚集四十五分鐘。小組中不會有「有來有往」的談話，人們的意念和經驗不會來回往返。相反，三人小組的每個成員都有十五分鐘時間，在期間另外兩個人專注於他或她身上，讓他或她利用這個機會將自己對主題的探討深化和個人化。

最後，協調人邀請我們回到大圈，用十五分鐘時間，分享我們獨自以及在三人小組的探討中想到的事情或得到的洞見。接著我們吃午飯，然後是兩小時的獨處，安靜地休息，圓圈在下午再聚集，進入下一個步驟。

我們沒有在時間表裏塞滿多個主題和長篇的文章，而是將早上大部分時間集中在一個主題上，並以一首簡短的詩作為框架。我們創造了一個空間，既尊重多樣化的學習風格，又尊重靈魂，由大組探討到獨處和安靜，再到小組對話，然後又回到大組。

放慢下來，以較少做較多，並留意節奏。在為信任圈安排時間表時，這就是安靜地走進樹林，坐在樹下，耐心等候害羞的靈魂出現，讓它對我們的生命提出要求的意思。

註釋：

1. Stuart Brubridge, " Quakers in Norfolk and Norwich, " Quaker

Faith and Practice, sec. 24.56. 參http://www.qnorvic.com/quaker/qfp/QF&P_24.html。

2. Joseph Heller, *Catch-22* (New York, NY: Simon & Schuster, 1996). 關於 catch-22 的定義，參http://www.angelfire.com/ca6/uselessfacts/words/002.html。

3. 關於與信任圈有關的退修和資源的進一步資料，參http://www.teacherformation.org，登入《隱藏的整全》的讀者一欄。

4. 教師模塑中心「教導的勇氣」這個課程裏運用季節的比喻。參http://www.teacherformation.org。

5. 參第四章註釋 2。

6. Thomas Merton, " The General Dance, " in McDonnell, *Thomas Merton Reader*, 500~505.

7. 關於季節比喻更完整和個人的默想，參我的著作《讓生命發聲》(*Let Your Life Speak*)第六章。

8. Derek Walcott, " Love After Love, " in *Collected Poems, 1948~1984* (New York, NY: Noonday Press, 1987), 328.

第六章

婉轉地說出的真理

比喻的力量

說出一切真理，但要婉轉地說 ——
迂迴帶來成功
太明亮，於我們薄弱的喜悅
這真理極大的驚奇
——迪金森（Emily Dickinson）[1]

現在我成了自己

我不知道誰創造「每天，在每一方面，我都變得愈來愈好」這句話。但這人一定有恰似白日夢般的人生。在世上六十五年的光景中，我的模式從來都不是前進和向上的，而總是上上落落，又有倒退。我有時忠心地跟隨真我的線索。接著又失去它，發現自己回到黑暗，在那裏恐懼驅使我再次找尋那線索。

就我所知，這個模式是人類狀況所固有的。但我在信任圈中探討它時，它對我生命的控制便減弱了。今天我比以前較少失去那線索，而在失去它時也能夠更快尋回。但要對付我再重蹈覆轍，我首先需要停止否認這問題，然後停止將它概括化，也就是我現在在這裏進行的概括化！我需要承認和檢視那些自傳式的細節，是在其中可以找到魔鬼和上帝的。那些細節往往令我感到太痛苦，以致不願意公開談論。

為了聽從這些感覺，聽從害羞的靈魂，信任圈不會任性走向一些題目，如失去和尋回真我。在這裏，我們不要求人們「分成兩人一組，告訴對方自己一些可恥的事，是你從沒有告訴過任何人的」，就好像在一個退修會中，人們要求我那樣！相反，協調人藉著一首詩、一個故事、一篇樂章或一件藝術品——任何容許我們間接接觸主題的比喻性體現，帶領對主題的探討。

例如：以下是薩頓（May Sarton）的詩〈現在我成了自己〉（"Now I Become Myself"）開頭的十行：

現在我成了自己。這需要
時間，很多年和很多地方；
我曾經溶解和動搖，
戴著別人的面具，
瘋狂奔跑，彷彿時間在那裏，
非常衰老，喊出一個警告，
「趕快，你會死，在還未 ——」
（甚麼？還未到早上？
還是這首詩的結尾還未變得清楚？
還是愛還未安然在圍城中？）[2]

我們在信任圈中討論這些詩句時，間接地探索失去和尋回真我。有一會兒，我們彷彿在談論詩人走向自我身分的旅程。但我們很快明白，無論我們談論甚麼關於這首詩的事情，我們都是在談論自己。我們偽裝成別人，反省著自己的歷史；反省我們自己「溶解和動搖」的時刻，作為自我發現的前奏；反省我們在認識自己是誰前對死亡的恐懼；以及反省那恐懼在我們裏面製造的瘋狂。

這些題目都並不容易，有些是我們寧願避免的。但藉著透過一首詩處理這些題目，我們可以選擇與它們保持我們喜歡的距離，同時又專注於有意義的事情。我們集體的對話繼續時，也就是我們明白這空間是有焦點、有意義、有啟示，但又十分安全時，我們建立了一種信任，能夠更直接地談論自己。害羞的靈魂更多地浮現，需要較少保護性的覆蓋也能夠說話。

迂迴帶來成功

每個創造信任圈的實踐，都必須令我們之間的空間保持開放和自由，同時又專注於靈魂的事情。我們必須刻意探討我們生命中的真正問題：信心和恐懼、盼望和絕望、愛和恨等等。但我們的探討必須是邀請的，給每個人自由，以自己的方式接觸這些問題。如果我們的刻意變成嚴厲，或者我們的開放變成漫無目的，靈魂都不會出現。

我們怎樣創造既專注又令人獲邀的空間？以靈魂害羞而聞名的迪金森提出十分有價值的指引：

說出一切真理，但要婉轉地說——
迂迴帶來成功
太明亮，於我們薄弱的喜悅
真理極大的驚奇

如同使兒童安然面對閃電
以仁慈的解釋
真理必須漸進叫人目眩
否則每個人都會失明——[3]

在西方文化，我們往往透過對抗尋求真理。但我們任性地衝向真理的方式將害羞的靈魂嚇跑。如果靈魂的真理要說出來又讓人聽到，我們必須「婉轉地」接近它。我不是說我們應該含糊其辭，對令我們不安的課題左閃右避地說話，削弱我們和我們的關係。但靈魂的真理是那麼有力，我們必須容許自己間接地接觸它，也讓它間接地接觸我們。我們必須邀請而不是命令靈魂說話。我們必須容許而不是強迫自己聆聽。

在信任圈中，我們藉著專注於一個重要的題目而實現**意向性**（intentionality）。我們藉著以比喻探討那題目，透過體現那題目的一首詩、一個故事、一篇樂章或一件藝術品，從而實現**間接性**（indirection）。我稱這些體現為「第三種東西」（third things），因為它們既不代表協調人的聲音，也不代表參加者的聲音。它們有自己的聲音，這些聲音講述關於一個主題的真理，但卻是用比喻講述，婉轉地講述。如果由第三種東西作中介，真理可以我們能夠應付的步伐和深度，從我們的意識浮現，又回到我們的意識中。有時是在安靜中內在地這樣做，有時是在羣體中高聲這樣做；但都是給害羞的靈魂它需要的保護罩。

如果正確地使用，第三種東西的功用有點像古老的羅夏墨迹測驗（Rorschach inkblot test），從我們喚起靈魂想我們留意的任何事情。以好的比喻作為中介，靈魂比平常更可能有話說。但如果我們看不見靈魂在說話，或者沒有留意靈魂說甚麼，這事實便沒有任何價值。

正因為這樣，在信任圈中，非傳統的記筆記方式是有用的。通常在工作坊和退修會中，我們最常筆錄的是領袖說的話，其次是小組中某些有趣的人說的話，但很少人，甚至沒有人會記下自己所說的話。但在信任圈中，我們將這次序顛倒過來，記錄源自自己裏面的話最多，無論我們有沒有說出來。

最初，記錄自己的思想和言語顯得奇怪。我們有一種奇怪的自負，以為單因為我們想或說了一些話，我們便明白那些話的意思！但在信任圈中，內在的教師可能給我們新或富挑戰性的洞見，是需要時間才能明白的。如果我們不記錄並繼續思想，我們可能會錯誤詮釋、忘記，甚至否認那些洞見。我們在這些時刻筆錄自己的話，成了我們在圓圈結束後很長時間還可以從中學習的文本。

我們在其中婉轉地說和聆聽真理的對話，它們總是危險的，因為它們不理會傳統的規範。例如：我們探討一首薩頓的詩時，可能發現（正如我曾經試過）小組中一個成員的博士論文正是研究薩頓的。聆聽了人們談及那首詩一會後，他宣告說：「你們說的話**並非**薩頓心中所想的！」在這個「專家」試圖以「客觀」的知識主導圓圈，威嚇從內心說話的人時，圓圈頓時變得不安全。

在這樣的時刻，協調人必須更溫柔地行動，但也需要快速和堅定，讓每個人再次感到安全——如果可能的話，也應該包括讓那個令情況變得不安全的人再次感到安全。我記得自己說了大意是這樣的話：「薩頓心裏想甚麼當然是有趣的課題，但不是我們這裏要處理的課題。

我們的焦點是這首詩怎樣與我們自己的生命交匯，喚起我們自己的經驗。我邀請大家以這種精神談論這首詩，我也邀請你繼續這樣做。」

但令圓圈維持向主觀觀點開放，並不表示「做甚麼都可以」，這即是說我們必須是刻意又令人獲邀的。如果在好的協調人手中，第三種東西可以提供界限，有助將我們的探討維持在那富創意的空間——在漫無目的地前進以及朝預定的目標強制地邁步之間。

人們偏離主題，說了一些毫不相干的話（往往因為那主題觸及某些神經）時，協調人可以號召他們回到文本本身的界限，要求他們將他們說的話建基於故事或詩中的一個詞語、一個意象或一句話。我們回到文本時，也回到那問題，並回到內在教師的聲音。我們的探討更有可能由靈魂推動，而不是由在房間中潛在的自我和理性的議題推動。

艾略特就詩歌所說的話，同樣適用於所有第三種東西：「〔詩歌〕可以令我們……多一點察覺那些更深刻、無名的感受，是模塑我們自己存有的基礎的，而我們很少深入其中；因為我們的生命很大程度上是不斷逃避自己的。」[4]

一個道家的故事

在過去三十年，我在協調信任圈期間，使用過數以百計的第三種東西。[5]其中一個稱為「木雕藝人」的道家故事，一直都對我最有意義。[6] 這個故事來自莊子的教導，他是生於二千五百年前的中國大師。但這個故事對任何走向不分割的生命的人，都有歷久常新的適切性。

我在這裏比較詳細地探討這個故事，原因有兩個。首先，這樣做讓我可以示範使用第三種東西的一些重要特點。其次，這給我們所有人機會向莊子學習更多關於麥比烏斯帶上的生命的事情。莊子這位教師對這種生命的裏裏外外都有非凡的洞見。

木雕藝人

梓慶削木為鐻，鐻成，見者驚猶鬼神。魯侯見而問焉，曰：「子何術以為焉？」對曰：「臣工人，何術之有！雖然，有一焉。臣將為鐻，未嘗敢以耗氣也，必齊以靜心。齊三日，而不敢懷慶賞爵祿；齊五日，不敢懷非譽巧拙；齊七日，輒然忘吾有四枝形體也。當是時也，無公朝，其巧專而外骨消；然後入山林，觀天性；形軀至矣，然後成見鐻，然後加手焉；不然則已。則以天合天，器之所以疑神者，其是與！」

在這裏，以印刷的方式不能再現這個故事通常引發的共同對話，我能夠做的只是提示這種對話照亮、肯定和提問我們生命的能力。在這裏，我只能將在信任圈中進行的那種複雜和探索性的談話化約為一把聲音：我的聲音。因此，以下內容需要你運用想像力來補足。

想像你與二十個人坐在圓圈中，每個人手裏都拿著「木雕藝人」這個故事。協調人提出問題來引導對話；人們回應，有些人在心裏這樣做，有些人則高聲説出來，往往在不同的人説話之間容許簡短的安靜；整個談話中都包含歡笑和嚴肅的時間；我們一起就故事以及我們自己的生命交織出好些意義。我描述這共同過程時，想像你是其中一部分，讓木雕藝人的故事引發你自己的故事。

協調人開始時問有沒有人想高聲讀出第一段，另一人讀第二段，餘此類推，直至讀完整個故事。聽到幾個不同的聲音高聲讀出故事，有不同的音調和強調，提示共同過程的豐富潛力。

接著協調人提出一個概括性問題，容許人們對整個文本提出初步的看法：「對你來説，這個故事是關於甚麼？它這刻怎樣與你的生命交匯？當中有沒有任何詞語、詞組或意象直接向你的狀況説話？」

經過一輪安靜後，有人説：「我是教師，我不處理木頭，但我在故事中看到與我對待兒童的工作有相似之處。我真的想幫助所有學生找到他們裏面的『鐻』。」另一個人説：「這個故事令我想到我的工作，我不斷受到壓力，要交出成果，就好像木雕藝人一樣。這個故事真的觸動我。」還有一個人説：「我需要有某種方法，從日常的責任中後退，更深入地思想我在做甚麼，就好像木雕藝人那樣。但我似乎不能這樣做。我很羨慕這個人可以有機會沉思。」

人們談及這個故事怎樣與他們的生命交匯時，至少有兩件事情發生。說話的人可能聽到自己說出以前沒有說過的真理，而即使以前他們說過，在別人面前說出來也有助他們更認真看待這事。即使他們聆聽而不說話，也可以聽到別人道出真理——同時是**他們的**真理，是他們沒想過自己要指出來的。無論我們說話還是聆聽，或者兩者都做，透過第三種東西在羣體中探討內在生命的問題，都可以帶來重要的洞見。

在很多信任圈中，我自己的說話和聆聽都給我一些洞見，讓我看到木雕藝人的故事怎樣照亮我的生命。身為協調人兼參加者，我可能會說出好像這樣的話：

> 像我一樣，梓慶受到壓力，要他只關心外在的事情，也就是魯侯和他的命令、他要完成的產品、他可以找到的工具和材料，以及別人怎樣評估他的作品。但他不理這些外在事情，轉向內在的真理——不是逃避世界，而是容許自己共同創造一些有價值和美麗的東西，從而回到世界。
>
> 他在壓力十分大的情況下轉向裏面！製造鐻的命令來自魯侯，他統治的工作地點沒有人事手冊或申訴程序。如果梓慶做得不好，魯侯可能將他處死。雖然他可能感到恐懼，但仍然接受魯侯的命令，將它轉化為一個選擇。

> 當然，並非所有命令都是可以或應該選擇的，有些命令是應該拼死抗拒的！但有時我接到一些命令——來自另一個人或我的生命景況，喚起我不知道自己擁有的一些東西。如果我可以接受這種命令，將它轉化為選擇，可能會有好事發生。
>
> 例如：我成為父親時，我沒有預期在接著的多年都會「在命令之下」，我自己的生命會擴展到甚麼地步。又有哪個年青的父母會有這個預期？但當我接受這樣的命令作為選擇時，我的生命變得更寬廣（larger）——我協助撫養三個孩子時，正是這樣。

在這時，圓圈中有些人點頭同意，但另一些人卻有十分不同的看法：「唔，我希望我的老闆會讓我放假七天去思考我的任務！」或者「我希望我有好像梓慶這樣的工作，一次只有一個任務，而且沒有家庭責任！畢竟，他不用煮飯、洗碗碟、剪草和找人修理汽車。」這些人是說如果他們的生命好像木雕藝人那樣無憂無慮，他們也可以富創意和正直地生活。但在現實世界，木雕藝人的路明顯是不可能的夢想。

在信任圈中出現互相衝突的觀點時，我們來到關鍵的時刻。我們可以輕易退到一切如常的景況，爭論現實世界是否正如有些人提出那樣充滿規限，嘗試說服別人同意或不同意某些觀點。這時我們可能忘記了我們為甚麼在這裏。我們不是要說服別人同意任何事情，也不是要對事物的本相達成共識，而是要幫助每個人聆聽自己內裏的教師。

在這樣的時刻，協調人可以提醒人們羅夏墨迹測驗的比喻：我們對「木雕藝人」的回應，反映我們自己多於反映文本，所以我們必須細心留意自己說甚麼。我們不是要辯論故事的「客觀意義」(彷彿故事有這樣的意義)，或者故事對別人的生命有甚麼意義(彷彿我們知道)。我們在此是要對彼此的獨處給予保護、靠近和致敬，各人聆聽這故事和我們關於它的對話從我們內裏的教師可能喚起的任何事情。

同時，協調人需要提醒各人，文本有本身的聲音，是我們必須好像聆聽別人的聲音那樣留心聆聽的。在這裏，協調人可以指出，故事沒有說魯侯給梓慶七天假期，讓他齋戒和忘記，故事只說梓慶經過一個需要七天的過程。故事也沒有告訴我們梓慶離開爐邊和家庭，獨自去退隱。他可能繼續在家裏，在工作的地方，在公民的責任中進行齋戒和忘記。

協調人必須溫柔和堅定地傳達這樣的信息：「無論別人對故事的詮釋吸引你或令你抗拒，都要留意你自己的反應，加以思考。問自己這反應背後有甚麼個人經驗；問自己你可能投射出甚麼內在問題。嘗試明白自己的反應，你可能發現你內裏的教師有重要的事情要告訴你。」

過了一段時間後，協調人不再需要提醒人們這些事情。參加者開始明白，關於第三種東西，無論他們說甚麼，都是在說關於自己的事情，都是來自裏面的提醒。

指出我們自己的真理

在開始時邀請人們花十或十五分鐘公開地探討故事後，協調人需要令對話更聚焦，以意向性平衡開放性。

身為協調人，我可能說好像這樣的話：「好像『木雕藝人』這樣的故事總值得我們仔細閱讀，因此讓我們一步一步看這故事吧。首先，讓我們看莊子怎樣在頭幾句為這戲劇搭建舞台：

> 梓慶削木為鐻，鐻成，見者驚猶鬼神。魯侯見而問焉，曰：「子何術以為焉？」對曰：「臣工人，何術之有……」

「在這裏，梓慶周圍聚集了很多圍觀的人，他們對鐻的美感到著迷。他們說：『那簡直是鬼斧神工。』魯侯問：『子何術以為焉？』梓慶回答說：『臣工人，何術之有。』你怎樣理解究竟發生了甚麼事？你認為談話各方嘗試向對方說甚麼？」

一個人說魯侯和眾人因為木雕藝人有能力創造美而驚歎。另一個人提出他們渴望知道梓慶的「祕訣」，以便大量生產鐻，作為沃爾瑪(Wal-Mart)的特別貨品！另一個人相信魯侯感到木雕藝人的能力是一種威脅，想藉著發現他的竅門重新佔據上風。還有一個人宣稱魯侯和眾人藉著將木雕藝人當作超人，逃避挑戰——運用他們自己身為人的天賦。

人們說話時，我們至少學懂兩件事。首先，人們以不同方式詮釋開頭這幾句話，因為他們有不同的內在問題。第二，正如我們將自己的需要投射到故事中，故事中的眾人也將他們的需要投射到木雕藝人身上！在故事中，無論投射的來源是驚歎，商業上的自利，渴望權力，還是自我放棄，有一點似乎是清楚的：行動開展時，梓慶周圍有強大的投射，將他變成某種魔術師。

當然，這些投射吸引梓慶的自我。至少這是**我**對這羅夏墨迹測驗的反應！誰不想別人稱讚自己有超人的能力？我們總是高興地接受這種投射：這叫做專業態度。「我當然有祕訣。但我花了很多時間和金錢接受訓練，才能夠成為醫生（或會計師或技師），所以我不會透露我的祕訣！我可以將我這行的一些竅門告訴你，但我會用十分含糊的字眼，以致你不會明白我說甚麼！」

但梓慶拒絕別人給他的投射。為甚麼？因為他知道，一旦我們順從別人對「我們是誰」的界定，我們便失卻對真我，以及對我們與世界的正確關係的意識。無論這些投射將我們變成英雄還是狗熊，都沒有分別。只要我們容許別人替我們命名，我們便接觸不到自己的真理，削弱自己以給予生命的方式與「他者」共同創造的能力。

你毋須是某方面的大師，也會陷入投射的網羅中。只要你與其他人一起生活和工作，便有這個可能！學生對教師説類似這樣的話：「你是專家。給我們答案，讓我們不用自己想」，教師便遇到投射，試探他們分發資料，而不是幫助學生學習。讀者對作家説類似這樣的話：「你寫過關於這個主題的書，所以你一定是這方面的專家」，作家便遇到投射，令他們落入試探，失卻那種從「不知道」帶來的優勢，激發最好的思想和寫作。父母從子女那裏遇到投射，老闆從雇員那裏遇到投射，政治人物從公民那裏遇到投射：那清單是無限長的，投射也帶來無盡的扭曲。

因此，木雕藝人拒絕人們嘗試從外向內為他命名。他簡單和清晰地取得由內向外為自己命名的權利：「臣工人，何術之有。」如果我們不能採取這關鍵的第一步，擋開投射，保留權利為自己的真理命名，便會迷失在永恆的煙幕和鏡像中，甚至找不到進入我們內在生命的路徑入口。

我們探討「木雕藝人」開頭的一幕時，圈子中每一個人都會產生問題：我周圍有甚麼投射？它們從哪裏來？甚麼推動它們？它們怎樣扭曲我對自我的意識？我怎樣應付它們？我可以怎樣更好地應付它們？我可以怎樣為我自己的真理命名，並取得這真理？這些問題，以及我們的答案，都是在走向不分割的生命的途上十分重要的步驟。

工作前的工作

木雕藝人知道，要做好工作，他必須應付外在的限制，而又不犧牲自己內在的自由，讓這兩極好像麥比烏斯帶的表面一樣流向彼此。因此他開始時沒有專注於魯侯命令他從事的工作，而是專注於手頭更接近他的工作：重拾真我這內在的工作——這是他的故事展開時，他沒有停下來的工作。

我們在信任圈中探討這個故事時，人們發現，眾人問梓慶怎能創造這麼了不起的藝術品時，他沒有提到自己用甚麼鑿子，他拿鑿子時的角度，或者他刻木時用多少氣力！

當然，其中一個原因是，對花了多年完善自己工藝的工匠來說，工具和技巧已經成了本能。但梓慶對自己工作技巧這方面保持沉默，還有一個更深刻的原因：雖然技巧重要，但它們不是將真理和美帶進世界時最富挑戰性的一面。真正的挑戰是梓慶談及的那方面：在靈巧的手背後那人心的模塑。

我稱故事的這部分為「工作前的工作」。這是我接受新的「命令」時嘗試記起的詞組。在我轉向我在世界的工作前，我有內在的工作需要做：

> 臣將為鐻，未嘗敢以耗氣也，必齊以靜心。齊三日，而不敢懷慶賞爵祿；齊五日，不敢懷非譽巧拙；齊七日，輒然忘吾有四枝形體也。

這裏有一個可愛的反諷：梓慶剛宣告：「臣……何術之有」，接著藉描述這個內在的旅程——帶他由魯侯的命令到裏面有鐻的那棵樹的，透露一個似乎是最高層次的祕訣。身為信任圈的協調人，我邀請人們不要以這個描述為需要跟從的公式，而是作為一套刺激想像的意象。你個人對應「未嘗敢以耗」、「齊」(編按：意即齋戒)和「忘」的是甚麼？你做甚麼，或者希望自己做甚麼，以去到梓慶進入樹林前到達的內在境地？就朝不分割的生命走這內在旅程，你自己的版本是怎樣的？

以下是我自己對這部分羅夏墨迹測驗的回應。梓慶描述他內在的第一步時說：「未嘗敢以耗氣也。」這聽起來好像是我們內在和外在生命的關係中那虛幻的第二和第三階段——努力躲在一道牆後面，與世界保持距離。但梓慶不是這樣描述他的「未嘗敢以耗」。

他說：「臣……未嘗敢以耗氣也，必齊以靜心。」梓慶不是守護自己的氣(編按：意即精神)，防備外面的世界——這個世界總是與我們一起，是我們不能逃避的。他守護自己的氣，防備將它浪費在瑣碎的事上，防備以反射行為而不是反思的堅定，回應外在力量。

梓慶特別守護自己防備那稱為恐懼的反射。他說「臣……齊以靜心」時，他承認最初接受魯侯的命令時心裏感到恐懼。

梓慶工作了那麼長時間，以致贏得「木雕大師」的美譽，但在面對新任務時仍然感到恐懼，令我這個熟悉恐懼的人感到安慰！年青時，我渴望隨著年紀增長而累積經驗後，有一天我可以無懼地做自己的工作。但今天，到了六十多歲，我明白自己餘生都會不時感到恐懼。

我可能永遠不能除去恐懼。但好像梓慶一樣，每當恐懼出現時，我都可以學習走進去，走過它。因此看著梓慶踏出內在旅程的第二步時，我感到歎為觀止。他藉著指出引發他恐懼的內在力量，增強自己對麥比烏斯帶上的生命的意識。他必須守護自己的氣，防備那些力量，以免它們扭曲他與外在世界的關係。他特別指出「慶賞爵祿」對他的吸引，以及他容易受「非譽巧拙」影響。

世界利用懲罰和獎賞來推動我們，改變我們，或者令我們受約束。但這些束縛不會有效，除非我們將它們內化。只有當我們同意世界的邏輯，它才可以控制我們。因此梓慶藉著「齊」及「忘」收回他的同意。當然，要忘記慶賞爵祿、非譽巧拙，實在易說難行。但好像梓慶那樣，也好像我們在信任圈中那樣，高聲說出我們的恐懼，是朝超越恐懼走出的第一步。

接著梓慶說他忘記了自己「有四枝形體也」。人們有時覺得這些話貶低身體，但我對這羅夏墨迹測驗的反應剛好相反。任何從事講求身體技巧（physical skill）工作的人，例如出色的木雕工匠、運動員或樂手，都必須毫無保留地信任自己的身體，這差不多等於「忘記」。棒球的游擊手或鋼琴演奏家，只要有一瞬間懷疑自己雙手是否放在正確的位置上，都會打出壞球，或在彈奏蕭邦快速的即興樂章（riff）時有遲疑。

我們這樣「忘記」身體時，就明白「身體有自己的思想」這句老話的真正意思。即使我們不打棒球或彈史坦威（Steinway）鋼琴，也必須學習信任身體的知識，作為我們內在引導的一部分。我們這樣做時，好像木雕藝人一樣，較少回應外在的命令，較多回應內在的教師。我們開始以更配合我們自己靈魂的方式生活。

我們在信任圈中探討「工作前的工作」時，人們高聲或靜靜地與很多關於內在旅程的問題搏鬥：

- 我怎樣守護我的氣？我相信能夠守護它嗎？還是我已經受到訓練，根本放棄了我的氣？
- 甚麼恐懼令我癱瘓？我能夠以梓慶指出慶賞爵祿、非譽巧拙和身體保障那樣，以叫人釋放的清晰度指出這些恐懼嗎？
- 我有甚麼實踐是與梓慶的「齊」和「忘」對應，能夠幫助我為了取回真我而進入並穿越我的恐懼？

木雕藝人應付這些問題時，他的旅程由麥比烏斯帶的「裏面」走出來，帶他走向與「外在」世界交往：

> 「當是時也，無公朝，其巧專而外骨消；然後入山林，觀天性；形軀至矣，然後成見鐻，然後加手焉。」

在鐻遠遠還未出現前，「工作前的工作」有三個重要的結果，是我們可以在信任圈中探討的，每一個都引向反思我們自己生命中的對應。

首先考慮木雕藝人在說話裏對魯侯的那種大膽放肆：「當是時也，無公朝。」就好像老闆問你，為甚麼你能夠把他或她給你的任務完成得那麼好，你回答說：「唔，坦白說，我需要忘記你和這個機構的存在！」

這當然是真的。如果我們配合老闆或機構文化的期望，而不是配合靈魂的命令，便不能共同創造任何真實和美麗的東西。如果那個農業部的人不容許他上司和官僚制度暫時消失，他永遠不會聽到內在的教師說：「你向土地負責。」

第二，梓慶說：「其巧專而外骨消」，他沒有（好像我們可能那樣）說：「我聚精會神，想出製造鐻的完美計劃。」相反，他用動詞的被動形式（譯按：原書給「其巧專而外骨消」的英譯是"I was collected in the single thought / Of the bell stand."），顯示他放棄自己的意圖，向自己的自我死，容許自己由更大的真理聚集，模塑他的工作。我相信這是我們靈性渴求的核心：與一些比我們的自我和自我的設計更大和更真實的東西連結。

第三，梓慶的內在工作將他帶到樹林，回到「外在」的世界：「然後入山林，觀天性……然後加手焉。」如果忠實和好好地追尋，內在旅程總帶我們回到行動的世界。

但我們回到那世界時，與我們走內在旅程之前相比，我們發覺自己到了一個不同的地方。現在梓慶沒有熱切和雄心勃勃的計劃，要強加在樹林中的樹木上。他走到樹林，擁有自己的真理，能夠看到每棵樹的真實本性。在一棵樹上，他看見那鐻，「成見鐻」——不是因為他對樹有超卓的知識，而是因為他對自己有超卓的知識。

每種工作都有些部分等同木雕藝人的樹木。對父母來說，那是孩子；對教師來說，那是學生；對經理來說，那是雇員；對作家來說，那是文字；對技工來說，那是機器。[7] 我們沒有清楚看見自己時，對於別人，我們只能夠「彷彿對著鏡子觀看，模糊不清」。但如果我們清楚自己的身分，好像木雕藝人那樣，我們也更清楚別人的身分。而從這更真實的認識，會產生更真實的共同創造。

這活生生的相遇

說了「然後加手焉」後，梓慶這樣結束自己的故事：

「不然則已。則以天合天，器之所以疑神者，其是與！」

以「不然則已」這句話，梓慶挑戰在我們對專業化這個觀念核心的那種自負。我指的自負是：認為只要有健全的知識，富技巧的方法，以及實行我們的意志的能力，我們總能夠從世界的「原料」中得到想要的結果。

梓慶的認識不是這樣。和每一個好園丁、陶匠、教師和父母一樣，他明白我們工作中對待的「他者」，從來都不單是按我們的選擇而受到模塑的材料。我們工作中對待的每一個「他者」，都有本身的本性，本身的限制和潛力，如果我們希望得到真正的結果，必須學習與他們共同創造。良好的工作是關係性的，它的結果在乎我們能夠從彼此喚起甚麼。

在這故事的核心，是一個我花了很長時間才看見的真理。部分是因為它沒有給説出來，部分是因為它令我不安：要製造鐻，必須將樹砍下。如果梓慶不願意鋸樹，在樹林留下木屑，鐻便不會出現。

我身為教師，在自己的工作中不斷找到與這事實的對應。我不時遇到一個學生，是我認為自己在他或她裏面看見一個鐻，一些很好的天賦，是那學生仍未看到或仍未實現的。雖然對學生和我都困難，但有時我讓那鐻活現人前的努力最終會為我們兩人帶來快樂，因為那學生預備好，也願意指出和認領自己的天賦。

但在其他時候，由於兩個原因的其中一個，我進行的「砍伐」只帶來痛苦。有時學生裏面有鐻，但卻對抗讓鐻活現出來的過程。這學生未準備好接受自己的天賦，而我則成了卡山札基的故事中那個嘗試將生命強加給蝴蝶的人！有時學生並非擁有我以為我看見的東西。我投射出一種根本不存在的天賦，因為我的自我想那個學生成為他或她不是的那種人，或許是為了證明我是「好教師」。這時，如果我不及時收回我虛假的投射，我可能會為學生帶來真正的傷害。

做好工作是冒險的事情。失敗迫使我承認那些風險時，我很容易因為恐懼而癱瘓——例如退回到安全的做法機械地教導，而放棄關係。在這樣的時刻，「木雕藝人」中有一句話十分深刻地向我說話：「然後加手焉。」我們一旦認識了失敗，動手再開始行動可以是個真正有勇氣的行為！

但梓慶最後的話邀請我們超越恐懼，回到事情有盼望的核心：「器之所以疑神者，其是與！」活生生的相遇（譯按：在原書「器之所以疑神者，其是與！」的英譯是“From this live encounter came the work / Which you ascribe to the spirits.”）是伙伴關係，在其中兩個或以上的存有的全面力量在發揮作用：木雕藝人和樹木，教師和學生，領袖和追隨者的。對我來說，這個故事就是關於在我們生命中協助更多這些伙伴關係發生。

活生生的相遇是不能預測、富挑戰性和冒險的。這些相遇沒有任何保證，因此比我們視彼此為物體的那些「無生命的碰撞」更不受歡迎。但活生生的相遇給我們一些無生命的碰撞所缺乏的東西：它們充滿活力，令生命顯得有價值，也增加我們做有價值的工作的機會。

我們在信任圈中結束對「木雕藝人」的探討時，我們更意識到麥比烏斯帶上的生命。內在的教師因為反思和尊重的對話而受到刺激，產生一些洞見，是我們單獨面對這故事時可能不會產生的。但我們一旦在信任圈中探討了這個故事，木雕藝人本身便能夠成為我們繼續旅程時的同伴。當第三種東西在羣體中對我們變得有生命時，我們可以在圓圈解散後很久仍然繼續與它對話。

梓慶這個木雕藝人對我來說就是這樣。我大約三十年前在羣體中初次遇到這個人物後，從他那裏得到很多引導。在日常生活的每一刻，我都可以找到他；經過很多個信任圈後，他在我的想像中已經變得栩栩如生。

註釋：

1. " Poem 1129 " , *The Complete Poems of Emily Dickinson*, http://members.aol.com/GivenRandy/r_emily.htm.
2. May Sarton, " Now I Become Myself, " in *Collected Poems, 1930~1973* (New York, NY: Norton, 1974), 156.
3. Emily Dickinson, http://members.aol.com/GivenRandy/r_emily.htm.
4. T.S. Eliot, Nobel Prize acceptance speech, 1948.
5. 這一章沒有處理協調人在使用第三種東西時需要考慮的一些重要事項，因為這本書不是設計來作為協調手冊。簡單地說，這些事項的幾個例子包括：從不同的智慧傳統選用第三種東西，確保沒有人感到被排斥。你第一次使用第三種東西時，它應該來自圓圈中不大可能有人信奉的傳統（例如道家），以致沒有人需要為某立場辯護；接著，當你使用的第三種東西來自有在場人士信奉的傳統（例如基督教或猶太教）時，你可以邀請參加者好像對待第一個第三種東西那樣開放和好奇。使用比較簡短和清楚的詩或故事，讓人們不用浪費時間理解文本，可以更好地花時間了解自己。只使用向你說話，而你身為協調人也感到可以用來教導的第三種東西。關於這一切的更深刻洞見，以及在信任圈中領導的其他重要詳情，可以在http://www.teacherformation.org描述的課程中找到。
6. 莊子：《內篇．大宗師》。英文原書引自 Thomas Merton, ed., *The Way of Chuang Tzu* (New York, NY: New Directions, 1965), 110~111。我最初在*The Active Life* (San Francisco, CA: Jossey-Bass, 1991)這本書的第四章寫到關於「木雕藝人」的故事。
7. Robert Pirsing, *Zen and the Art of Motorcycle Maintenance* (New York, NY: Morrow, 1974) 清楚表明為甚麼我在這清單中包括技工！

第七章

深度向深度說話

學習說話及聆聽

因此我向一個聲音，一些模糊的東西，
說話的所有人中的一個遙遠、重要地帶
呼籲：
雖然我們可以互相欺騙，但我們應該
思考——
以免我們共同生命的巡行迷失在黑
暗中。

——斯塔福德（William Stafford）[1]

一個關於內在教師的故事

透過使用第三種東西，「婉轉地」接近靈魂的真理，有助建立信任圈。但我們就一首詩、一個主題、一種感受或一個難題説話、聆聽和回應彼此的方式，造成或破壞那個圓圈。在這裏，我們受到一條簡單但反文化的規則支配：「不修正、不拯救、不勸告、不互相糾正。」我想講一個故事，是關於遵守這規則可以有多困難，但又富啟發性。

在一個包括不同種族的信任圈中，有一名白人初中教師珍妮特（Janet）。她在第一次退修時靜靜地坐著，看來憤怒又心不在焉。沒有人侵襲珍妮特，問她有甚麼不對勁；也沒有人避開她，假裝她不存在。人們繼續對話，保持與她同在，向她開放，等候她的靈魂出現。

第二次退修開始，小組探討一首觸及種族問題的詩時，珍妮特的不滿開始流露出來。她上課時正經歷很艱難的時候，而那全是「那些學生」的錯，而「那些學生」都是黑人。但沒有人侵襲珍妮特，以種族歧視挑戰她；也沒有人避開她，假裝她不存在——雖然圓圈中有好些教師，包括黑人和白人，他們一定因為這個同行所説的話而感到難過。但是每個人都繼續等候珍妮特的靈魂。

有時大家以尊重的沉默接受珍妮特的不滿，然後某人才説一些關於那首詩的其他事情。偶然某人以一個誠實、開放的問題回應她，給她機會探討那情況，例如：「最初發生甚麼事令你有這感覺？」或者「你發覺某某最難應付的是甚麼？」，雖然珍妮特幾乎總是利用這些問題來擴大她的抱怨，而不是探討這些抱怨。

其他教師不時談到他們與學生的連繫，幾名黑人教師講述他們自己與學生的搏鬥，而那些學生剛好是白人。他們講述這些故事，不是要論斷珍妮特，而是誠實地見證我們都一起參與其中。一個故事涉及一個很有趣的文化「誤會」，令這個沉重的題目暫時變得輕鬆一點。

珍妮特在第二和第三次退修中與她的惡魔搏鬥。在第四次退修中，發生了一些重要的事情。珍妮特流著淚告訴小組，在上次退修後，她對自己所說的話感到害怕。她決定與最難應付的學生建立較好的關係，也知道一些關於他生命的事情，令自己對他的一些憤怒化為憐憫。隨著她發現，問題很大部分來自她自己，並以行動回應這發現，她在課室遇到的麻煩也消失了。

當然，有時我們需要正面對抗好像種族歧視這種苦難的根源。但對抗往往不及轉化：有些人被迫短暫地「改變心意」，另一些人則會更堅定地走錯誤的路。珍妮特的轉化是深刻和持久的，因為那轉化來自裏面，由於一個羣體而變得可能。這個羣體信任她內裏的教師，容許她聆聽這教師的聲音。

為甚麼我們想幫助別人？

「不修正、不拯救、不勸告、不互相糾正。」規則是簡單的，但對習慣以互相糾正作為生活方式的人來說，堅守這規則卻是困難的工作。一次，我在一個長期的圈開始時介紹這條規則，有人立即衝口而出說：「那我們在接著的兩年究竟要怎樣彼此對待？你剛排除了我們只懂得做的事情！」

正如他們說，那不是開玩笑，特別是對那些從事所謂助人行業的人，我們的行動有時彷彿顯示，我們存在的原因就是要糾正別人。我最近協調過一次聚集，其中一個參加者十分肯定，別人那凡人的靈魂有賴她的建議——規則都被破壞！——以致我需要三次要求她停止，不要再給別人意見。

那麼，我們在信任圈中**做**甚麼？我們做珍妮特的圓圈中那些人所做的事情：我們說出自己的真理；我們聆聽別人的真理，予以接納；我們向彼此提出誠實、開放的問題，而不是提供意見；我們給彼此靜默和歡笑這有醫治和加力作用的禮物。

這種彼此一起的方式是那麼反文化，以致需要清楚的解釋，穩定的練習，以及協調人溫柔但堅定的執行，令我們不致退回慣常的做法。但我們一旦經歷過這種存在的方式，便想將它帶進其他關係中，由友誼和家庭到職場和公民生活。

如果我們要接受支配信任圈那種法則的精神和條文，我們需要明白為甚麼修正、拯救、勸告、互相糾正這種習慣對我們的生命那麼有影響力。當然，有時這種習慣是善意的，要操控我們單純的同情。你有困難，你向我傾訴。我想幫你，所以提出建議，希望會有用。這沒有甚麼問題。

但你的問題愈深刻，我的意見便愈不可能有任何真實的價值。我可以知道怎樣修理你的汽車或幫助你寫論文，但我不知道怎樣挽救你失敗的事業，修補你破裂的婚姻，或者救你脫離絕望。對你最深刻的困難，我提供的答案只反映如果我是你，我會怎樣做。但我不是你。而即使我是你心理靈性的複製品，我的解決辦法對你也不會有多大用處，除非它源自你裏面的靈魂，而你認領了那辦法，作為你自己的辦法。

面對我們最深刻的問題，也就是我們應邀在信任圈中探討的問題，我們彼此勸告的習慣顯示出它陰暗的一面。如果這陰暗可以說出它的邏輯，我想它會說出好像這樣的話：「如果你接納我的意見，你肯定可以解決你的困難。如果你接納我的意見但沒有解決你的困難，那是因為你不夠努力。如果你不接納我的意見，我也已經盡了我的最大努力。因此我受到保護。無論結果怎樣，我不再需要擔心你或困擾你的問題。」

諷刺的是，對我們不能解決的問題，我們提供的「解決方法」背後的陰暗面是渴望讓彼此保持距離。這是互相放棄，同時又顯得關心的策略。或許這解釋了為甚麼我們這時代一個最常見的哀歎是：「沒有人真正看見我，聆聽我，或者了解我。」我們不深刻地聆聽，而是急忙修正別人，藉以逃避更深的參與，這樣怎能了解別人？刻在很多人——不單我們不斷嘗試修正的年青人——生命中的那種孤立和不被看見的感覺，部分是由於一種「幫助」的模式，容許我們將彼此打發掉。

你對我談及你最深刻的問題時，你不想被修正或拯救，你想得到看見和聆聽，想你的真理得到承認和尊重。如果你的困難深入靈魂，只有你的靈魂知道你需要做甚麼，我自大的意見只會將你的靈魂趕回樹林。因此你向我談及一個掙扎時，我能夠給你的最大幫忙是忠實地讓你停留在一個空間中，讓你可以聆聽你內裏的教師。

但這樣讓你停留，需要時間、精力和耐心。隨著時間一刻一刻地過去，沒有任何外在的迹象顯示有甚麼事情發生在你身上，我便開始感到焦慮、無用和愚蠢，開始想到我需要做的所有其他事情。我不再令我們之間的空間保持開放，讓你聆聽你自己的靈魂，而是以意見填補它，不是要滿足你的需要，而是要減輕我的焦慮，繼續我的生活。這樣我便可以離開你，你這個有麻煩的問題的人，同時我又可以對自己說：「我已經嘗試幫助他。」我離開時感到自己是善良的。你卻感到我對你視而不見，聽而不聞。

我們怎樣改變修正、拯救、勸告、互相糾正這些根深蒂固的習慣？我們怎樣學習，藉著說出我們自己的真實，聆聽別人的真理，向彼此提出誠實、開放的題，以及給予歡笑和靜默的禮物，從而與彼此同在？這些共處的方法在信任圈中是那麼重要，以致每種方法在本書中都用一章來討論。這一章專注於學習說話和聆聽；第八章專注於提出誠實、開放的問題這種藝術；第九章專注於靜默和歡笑的澄清和醫治能力。

向自己說話

在信任圈中「說出我們自己的真理」是甚麼意思？當然，這問題不能根據內容來回答，因為視乎說話的人是誰和在甚麼時候說話，內容會有很大差別。

但無論內容是甚麼，在信任圈中說出我們的真理總有同樣的形式：我們**從**自己的中心，**向**圓圈的中心說話——向共同空間那予以接受的心說話——在那裏，我們說的話會得到注意和尊重。這種說話方式與日常的談話十分不同。在日常談話時，我們**從**自己的理性或自我直接**向**別人的理性或自我說話，我們希望對那人產生影響。

日常的言語具有「工具性」而不是「表達性」，想實現一個目標而不單是說出自己的真理。我們工具性地說話時，嘗試藉著通知、肯定、責備對方，或與對方建立共同的目標，從而影響對方。但我們表達性地說話時，我們說話是為了表達我們裏面的真理，藉著讓內裏的教師知道我們留意它的聲音而尊重它。我們的目的不是要教導任何人甚麼事情，而是給內裏的教師機會教導我們。

當然，知道我們甚麼時候從靈魂而不是理性或自我說話是困難的，因為理性和自我堅持**它們**是我們生命的中心，和**它們**說出真理的聲音！學習分辨我們裏面的不同聲音，是需要時間的；要經常接觸靈魂的聲音，需要更多時間。顯示我們**從**那內在中心說話的迹象十分隱晦，好像池塘的寂靜那樣隱晦；當我們在沒有人製造波瀾的空間中說話時，認出它們的能力會慢慢增長。

雖然我們很難知道我們甚麼時候是**從**自己的中心說話；但要知道我們甚麼時候**向**那中心說話，卻不是那麼困難。相對於工具式的說話，表達式說話產生較少壓力。我們直接向別人說話，藉以實現某個目標時，感受到由試圖運用影響力帶來的焦慮。但我們向圓圈的中心說話時，不需要實現任何結果，會感到有活力和平安。現在我們說話的惟一動機是說出真理，而伴隨這種言語的那些自我肯定感覺會強化這種做法。

在信任圈中，我們怎樣**聆聽**與我們怎樣說話同樣重要。有人從自己的中心向圓圈的中心說話時，其餘的人可能不以自己慣常的方式——提出肯定或反駁或以其他方式試圖影響說話的人——回應。這樣我們便學會盡我們所能，以簡單的接納接受別人所說的話。

接納的聆聽是內在和無形的行動。但在信任圈中，它最少有三個外在和可見的記號：

- 容許不同的人說話之間有簡短、供反思的靜默，而不是匆匆回應。這種靜默尊重說話的人，給每個人時間吸收別人所說的話，將事情放慢，讓任何想說話的人都可以說話。
- 不是以評論，而是以誠實、開放的問題回應說話的人，問題的目的只是幫助說話的人更深地聆聽自己所說的話。而這是要求十分高的藝術，也是下一章的主題。
- 藉著公開向圓圈的中心說出自己的真理，尊重任何說出真理的行動，將這行動與之前的表達，例如簡單的個人見證，放在一起，沒有任何意圖要肯定或否定其他說話的人。

人們工具性地說話，嘗試互相影響時，幾乎不可能接納地聆聽別人說的話。我們最好時也只是半心半意地聆聽，忙於過濾我們聽到的話，讓我們可以接受自己同意的東西，並拒絕其他一切。也就是說，我們以自我來聆聽。但人們表達性地說話時，我們以自己的靈魂開放地聆聽。這樣我們便能夠全面留意別人說的話，知道人們不是試圖評論我們和我們的真理，而是誠實地努力表達他們自己的真理。

我們這樣聆聽的能力增強時，我們獻出「聆聽彼此進入言語」[2] 的禮物。隨著**我們的聆聽**變得更開放，而說話的人也開始相信，聽他們說話的人只想營造一個環境讓每個人都可以安全地說真理，**他們說話**時也會變得更開放。

好像獻出的每份禮物，這份禮物也會成為一份禮物，回贈給獻出的人。我們學習怎樣更深刻地聆聽別人時，也可以更深刻地聆聽自己。這可能是在信任圈中那種非傳統的說話和聆聽的最重要結果。

如果我們談話的目的是影響別人，我們便不敢太留心聆聽自己的話，更不要說對這些話進行自我批評，以免自己開始懷疑那些話是否有效，因為當中的含義而感到尷尬，或失去我們尋求施加的影響。但我們一旦脫離對抗性的說話和聆聽，我們便更有可能聽到和反思自己所說的話。這樣我們便有得到自己內在教師教導，消除敵意的經驗！

我從自己的中心向圓圈的中心說話，聆聽的人不肯定也不否定我說的話時，我的話只是坐在我們之間的空間中，讓包括我在內的每一個人看到。這樣我便更可能有內在的對話，讓自己接受提問、挑戰或肯定。這些對話可能在會議中途、吃飯時或晚上醒來時出現：

- 「為甚麼雖然我並非真的相信，但還是**那樣**說？」
- 「我相信自己所說的話，但我實際上不肯定那說話的意思。」
- 「我早已知道我說的話對我來說是真實的，但直到現在，我才明白我的說話**有多**真實。」
- 「我看自己所說的真理時，突然看到對我生命的一些含義，是我以前從來都看不見的。」

我們很多人都曾經身處一些環境，是有基本的規則引導說話和聆聽的。例如：治療小組要求我們回應說話的人，讓他們可以明白他們的話對別人的情感影響；「肯定式探詢」（appreciative inquiry）小組則要求我們用自己的話複述別人所說的話，藉以找出我們是否明白他們的真正意思。這些規則在原來的環境可以帶來良好的結果，但卻會削弱信任圈的誠信。

在這種圓圈中，聆聽的人怎樣受到說話的人影響並不重要（除非有人違反了圓圈的規則）；聆聽的人是否理解說話的人想說甚麼也不重要。在信任圈中，惟一重要的「回應」來自說話的人自己裏面，惟一重要的理解是說話的人自己的理解。在這種圓圈中，重要的是我們令彼此停留在一個空間中，在那裏靈魂感到安全，可以說出它的真理；而我們也感到安全，可以更接納那真理對我們生命的含義。

在信任圈中，在我們裏面發生的事情，帶領我們超越自戀的自我專注，或者沒有成果地將自我指涉的思想循環再用。我們與自己的靈魂對話，而這對話可能會改變我們的生命。

講述我們的故事

我們藉著真誠地說話和接納地聆聽，在我們之間形成對靈魂安全的空間時，便能夠以特別有力的方式說出真理，這種方式比我們的意見、想法和信念更深刻。我指的是我們講述自己生命的故事時浮現的真理。正如作家洛佩斯（Barry Lopez）指出，真理不能「化約為格言或公式。真理是有生命和不能說出的。故事創造一個環境，讓〔真理〕成為一個可以辨別的模式」。[3]

講故事總是處於人類的核心，因為它照顧我們一些最基本的需要：傳遞我們的傳統，承認失敗，醫治創傷，帶來盼望，增強我們對羣體的感覺。但在我們入侵和逃避的文化中，這種歷史悠久的做法不能再被視為理所當然。它必須在特別的環境中得到支持，得到有力的基本規則作保護。

由於我們的故事令我們容易受到修正、剝削、輕視或忽略，我們學懂帶著防衛地講述這些故事，甚至完全不提。鄰舍、同事甚至家人都可以一起生活多年，卻對彼此的生命所知不多。結果，我們失去了一些十分有價值的東西，因為我們愈認識別人的故事，愈難憎恨或傷害那人。

我們不講述自己脆弱的故事，而是在抽象中尋找安全，彼此談論自己的意見、想法和信念，而不談及我們的生命。學術文化讚揚這種做法，強調我們的言語愈抽象，我們愈可能觸及把我們連結起來的普遍真理（universal truths）。但事實剛好相反：我們的談話變得愈抽象，我們愈感到沒有連繫。在知識分子之間，羣體的感覺比大部分講故事的人的「原始社會」裏為少。

我在貴格會的崇拜中，對講故事和羣體之間的連繫，學懂了一些事情。這種崇拜是羣體的靜默，在其中人們偶然說話。我聽著一個男人哀歎摯友在最近去世，他講述一個感人的故事，是關於他和這好友分享的一個經驗的。我不認識這個男人，也不認識他的朋友，但他講述的故事帶領我深入自己的生命，令我想起自己的朋友，令我記起他們多麼寶貴，也令我記起讓他們知道這事是多麼重要。

經過十至十五分鐘的靜默後，另一個人說話，極其準確地描述我聆聽第一個人說話時，在我裏面發生的事情。她說：「我們相信，藉著向上走進宏大的觀念，我們會找到共同的真理。但實際上，只有藉著向下走，深入個人經驗的水井，我們才能夠找到賜我們一切生命的活力。」

我知道有一些對話小組試驗這個原則。對好像墮胎或死刑這些棘手問題激烈地爭論的人，在別人協調下，在週末聚集在一起退修。在共處的時間，他們不能就手頭的問題宣告或解釋自己的立場，也不能為自己的立場辯護。他們只是應邀講述個人的故事，講述令他們接受某個立場的經驗，而別人則開放地聆聽。

與其他解決衝突的模式相比，這個過程往往能夠產生更多相互了解，特別是當人們記起，相似的經驗可以令不同的人有十分不同的結論時。在人類旅程那些共同的細節，而不是我們從那些細節得出的十分不同結論中，我們找到共同的聯繫。

在信任圈中，人們以很多不同方式喚起故事。有時，人們在討論的主題與自己生命中的事件之間找到即時的連繫時，故事便浮現。有時，協調人徵求某種特別的故事：「告訴我們一個令你對羣體有深刻感覺的經驗。」有時，協調人邀請人們以「個案研究」的方式帶來故事，這些是生命特定時刻中有條理的故事，容許我們仔細地看我們在麥比烏斯帶上的旅程。

例如：教師應邀帶來一些個案研究，顯示課室中一段好的時刻和一段壞的時刻——一段令他們知道自己「天生是教師」的時刻，以及一段令他們「希望自己從沒有出生」的時刻，幫助他們看見，靈魂和角色怎樣在日常生活中走在一起，以及怎樣分離。[4]

我們用來幫助信任圈聚焦的第三種東西，也會喚起我們個人的故事。正如我們在第六章看到，好像「木雕藝人」這樣的故事，或者好像〈現在我成了自己〉這樣的詩，可以幫助我們從自己的經驗學習，是比單談論發生了甚麼事情深刻得多的。好像這樣的典型「大故事」，會給我們生命的「小故事」亮光，顯示一些我們本來可能忽略了的意義。

我們在信任圈講述個人的故事時，基本的規則阻止人們幫助我們「解決」可能藏在故事中的問題。但在這樣的圓圈中講故事，往往卻能夠產生有力的「解決方法」——在說話者**和**聆聽者的生命中產生。

身為說話者，特別是當我談及令我感到羞恥或痛苦的事時，解決方法可能來自發現我可以講述自己的故事，而又不致被拋到外面的黑暗中。我明白人們不帶判斷地接納我揭露自己時，便得到釋放，更深入地挖掘我問題的那根源系統，而這樣得到的自我認識，可能包含我需要的解決方法。

身為聆聽者，我可能發現圓圈中有人有與我相似的問題，我聽到問題以別人的話說出來時，對自己的困境會有新的洞見。有時，我聽到那人為自己的問題探討一個可能的解決方法時，我自己內裏的教師便得到喚醒。至少，知道有人和我有相似的問題，令我感到自己並不瘋狂，也不孤單；而這本身已經可以開啟一條路徑，通往更深的自我認識。

故事毋須成為有解答的謎語或有道德教訓的寓言，才能夠在我們生命中做解決困難的工作。以富表現力地講述故事作為目的，可以為我們的洞見、醫治和活力帶來有力的貢獻。哲學家布伯（Martin Buber）在一個關於故事的故事中指出這力量：

> 講故事的方式本身必須帶來幫助……我祖父是個跛子。人們曾經要求他講一個關於他老師的故事。他講述〔他老師〕怎樣一邊禱告，一邊跳躍和舞蹈。我祖父說出這故事時站起來，他十分投入那個故事，開始跳躍和舞蹈，示範那師傅的做法。從那刻開始，他的跛足便不藥而愈。這就是講故事的方式！[5]

真理是甚麼？

靈魂想要真理，而不是瑣碎的事情。因此，如果我們之間的空間要歡迎靈魂，它必定是可以讓人說出真理的空間。我們創造和保護這種空間的能力，視乎我們有多明白關於真理的假設，以及真理怎樣在我們中間浮現——這是信任圈的基礎。

那些相信我們生命中最深刻的問題都有絕對答案，並且相信知道這些答案的人有責任令所有人都信服的人，不會喜歡這些假設。正如信任圈的基本規則——特別是禁止修正、拯救、勸告和糾正這規則——清楚表明，這種圓圈不歡迎絕對主義的自大。

但相對主義的無知同樣不受歡迎。事實上，正是參與信任圈，以及遵守它的規則的行動，帶領我們超越一個愚蠢和危險的觀念，認為有「一個給你的真理，另一個給我的真理，毋須介意那分別」。如果我這樣相信，我根本不會在乎這稱為「羣體」、令人煩惱的東西。在羣體中，我必須以一些方式説話和聆聽，是可能改變我對「甚麼是真實」的理解的。

你和我對真理可能有不同的觀念，但我們**必須**在意那分別。無論我們知道與否，喜歡與否，承認與否，我們的生命都在一個複雜的因果關係網中互相連繫。我對真理的理解影響你的生命，你對真理的理解也影響我的生命，因此我們之間的分別對我們都是重要的。信任圈同時尊重我們的不同和我們的連繫。

我對真理的操作定義十分簡單，雖然實踐時並非如此：「真理是關於重要事物的永恆對話，以激情(passion)和紀律進行的。」[6] 真理是不可能在對話的結論中找到的，因為結論不斷改變。因此，如果我們想活「在真理中」，活在當下的結論中並不足夠。我們必須找方法活在持續的對話中，有它的一切衝突和複雜性，同時又與我們自己內裏的教師保持緊密接觸。

在信任圈中，我們可以藉著棲居在對話中而棲居在真理中。在這樣的圓圈，我們的分別沒有被忽略，但我們也沒有在對抗中面對這些分別。相反，我們清楚和尊重地將這些分別放在彼此旁邊。在這種圓圈中，我們説出和聽到多樣化的真理，令我們不致對彼此無知，**也**不致落入言語的交火。這些方法容許我們一起成長，走向更大、逐漸浮現的真理，顯示我們有多麼多共通點。

這更大的真理怎樣在信任圈中浮現？我們怎樣朝它成長？這真理在我們一起創造「真理的織錦」時出現，這是複雜的經驗和詮釋，由每個人帶給圓圈的多樣化洞見交織而成。這樣做需要一個集體紀律的織機，能夠以富創意的張力，將這些洞見的線連在一起。這織機是由信任圈的原則和實踐構成。

根據傳統的智慧，我們只有藉著在辯論中互相對抗和糾正才能夠得出共同的真理。但我的經驗顯示，在激烈的爭論中，我們很少改變自己的想法，走向共同的理解。相反，我們因為害怕戰敗而彼此分開，也與內裏的教師分開。而我們在嘗試確保自己會贏時消耗的精力，令我們沒有資源進行反思和轉化。

在對抗性的情況下，有些人從衝突中退下，躲進私人信念的散兵坑，令衝突不能觸及他們。另一些人則留在戰場上戰鬥，藉著更堅守一些先存的信念，以這信念作為熟悉的武器，揮舞它來對抗敵人。在智力和靈性戰爭中，我們很少冒險表達一些臨時的探究或脆弱的觀念，是可能帶領我們得出新的洞見，但也會令我們受到攻擊的。面對「敵人」時，我們較投入於我們一直相信的東西，較不可能接受或帶來新理解的挑戰。

但在信任圈中，基本規則禁止我們彼此對抗或彼此糾正，因而有奇妙的事情發生：我們與自己對抗，糾正自己！更準確地說，內裏的教師對抗和糾正我們。在這樣的圓圈中，我們感到安全，可以提出臨時和脆弱的洞見。在這裏，隨著時間過去，我們有機會與我們自己和別人的思想安靜地坐著，有機會看我們的洞見怎樣連繫到小組更大的模式，並決定我們想接受多少那個模式，作為屬於自己的模式。

在信任圈中，這真理的織錦不斷在我們眼前編織。我看著它出現時，看到有些地方，是某人(或許是我)獻出一根線，似乎改進了整個圖案；也看到有些地方，是某人(或許是我)獻出一根線，但現在卻顯得不協調。慢慢地，有機地，我對真實和虛假，正確和錯誤的感覺，都有機會演化，那是在稱為信任圈這織機上織出來的生命織錦。我們參與「永恆的對話」時，真理在我們裏面，我們之間，和我們周圍浮現。

註釋：

1. William Stafford, "A Ritual to Read to Each Other," in *The Way It Is: New and Selected Poems* (Saint Paul, MN: Graywolf Press, 1998), 75.
2. Nelle Morton, *The Journey Is Home* (Boston, MA: Beacon Press, 1985), 55~56.
3. Barry Lopez, *Crossing Open Ground* (New York, NY: Scribner, 1988), 69.
4. 我在*The Courage to Teach*一書頁66至73中探討這種「好個案—壞個案」的方法。自從寫了這段文字後，我學懂依從「清晰委員會」(就個案提出誠實、開放的問題)的基本規則，以及尊重這規則背後的精神，正如本書第八章解釋那樣，會更容易處理「壞個案」。關於使用阿克曼（Richard Ackerman）所說的「個案故事」，也參氏著 *The Wounded Leader* (San Francisco, CA: Jossey-Bass, 2002), 145~147。

5. Martin Buber, *Tales of the Hasidim: Early Masters* (New York, NY: Schocken Books, 1974), v~vi.

6. 我所說的「激情」不是呼喊和揮動雙手。我指的是靈魂那麼深的敏銳，可以由快樂到苦難——由戀人感到的激情到「基督的受苦」——這個理解恢復這個詞的根本意思。這個根本意思也帶來**忍耐**，這種德行是「永恆的對話」所需要的！

第八章

活出問題

試驗真理

對你心裏一切未解決的疑問都要有耐心，要嘗試愛這些疑問……現在活出這些疑問。或許這樣，你會在漸漸，沒有察覺下，活過一段長日子後找到答案。

——里爾克[1]

在我恐懼背後的真理

如果我們想創造一個歡迎靈魂的空間，我們必須向圓圈的中心說出我們的真理，並在別人說出他們的真理時接納地聆聽。我們也必須以擴闊那歡迎的方式回應別人說的話，而這在日常生活中是罕見的。

嘗試留心聆聽慣常的談話，留意我們多經常以同意、不同意或乾脆改變話題來回應別人！我們並不是不想接待靈魂，但實際上卻往往這樣做。藉著加入我們的意見，主張我們的議程，我們推進自己的自我，而說話的人內裏的教師卻退卻。

在信任圈中，我們學習一種不同的回應方式，是以提出誠實、開放的問題這種罕有的藝術為中心的。這些問題邀請說話的人接觸更深刻和更真實的言語。如果你不相信這些問題是罕有的，只需要在未來幾天數一數人們問你多少個這樣的問題。誠實、開放的問題是反文化的，但卻是信任圈必不可少的。這些問題，如果在安全的空間中提出，能夠邀請內裏的教師談及手頭的事情更多，也給說話者機會聆聽那聲音，而又免卻我們因為將自己的偏好強加給別人而製造的干擾。

幾年前，我留意到自己需要再與內裏的教師談話。當時我剛過了六十歲，對未來感到焦慮，但卻不明白原因何在。於是我邀請了幾個朋友，幫助我辨別我的感受意味著甚麼。

我召集的人都是富經驗和聰明的，但我不需要他們的意見或勸告。我需要他們問我誠實、開放的問題，希望這樣可以幫助我觸及在我恐懼背後的真理。在這一章描述的基本規則引導下，這些朋友正是這樣幫助我。在十八個月期間，我們聚集三次，每次為時兩小時。他們在其中創造一個空間，讓我能夠發現自己焦慮的來源。

慢慢地，也有些不情願地，我開始看見，我害怕的是我的年紀、召命和存活之間的衝突。我從差不多五十歲開始便獨立地工作，收入有部分來自寫作，但主要來自在全國各地講課和帶領工作坊。現在，在年過六十時，看到前面有無盡的機場、酒店房間、餐廳食品以及坐滿陌生人的禮堂，我擔心自己對這種工作的耐力減退；也擔心如果我放下這工作，我的收入會減少。

我困在這個困境中，進退維谷，直到小組的第三次聚會。我提到年老和恐懼，有人回應說：「對年老，你最害怕的是甚麼？」這已經不是第一次有人問我這個問題；事實上，我自己也經常問自己這個問題。但這次，我的答案來自比自我或理智更深刻的地方，我說出自己從沒有說過，甚至從沒有想過的話：「我害怕變成七十歲的老人，在著作不再出版，聽眾不再鼓掌時，不知道自己是誰。」

聽到這些話那一刻，我知道自己聽到自己的靈魂說話，我也知道我需要以行動回應我聽到的話。問題不單是我身體或財政上的舒適，而是我對身分的意識，以及我靈性的幸福。因此，我開始製訂一個退休計劃，我現在正朝這個計劃走。這個計劃給我機會，找出除了是作家和講員外，「這裏面」還可以是誰；也給我機會，在仍然有精力和時間之際，將我學到的事物付諸行動。

學習提問

如果沒有一小羣人，他們誠實、開放的問題創造一個空間，邀請我的靈魂説話，並容許我聆聽靈魂，我不可能作出這個伴隨著那麼多風險的決定。

這種提問可能顯得輕而易舉。但包括我在內的很多人，都很難提出真正的問題，而不是偽裝成問題的勸告。「你有沒有想過去見治療師？」並**不是**誠實、開放的問題！好像這樣的問題，處理的是我而不是你的需要，將你推向我對你的問題的看法，以及我給你的解決方法，而不是喚起你的真理。我們很多人都需要幫助，才能夠學懂怎樣提問，令害羞的靈魂想大膽地説話，而不是閉口不言。

誠實、開放的問題有甚麼標記？**誠實的**問題是我可以提出，而又不可能對自己説：「我知道這個問題的正確答案，我當然希望你告訴我那個答案。」而我問你關於見治療師的事時，當然就是這樣做。不誠實的問題侮辱你的靈魂，部分是因為我自負地假設我知道你需要甚麼，部分是因為我欺詐地試圖將我的意見偽裝成問題。

我向你提出誠實的問題，例如：「你曾否經驗過跟你現時的困境相似的情況？」或者「你從那以前的經驗，有沒有學到任何現在令你覺得有用的事情？」時，我無法想像「正確的答案」是甚麼。你的靈魂感到可以放心說出它的真理，回應好像這樣的問題，因為它們沒有任何隱藏的議程。

開放的問題能夠擴闊而不是限制你探索的領域，這樣的問題不會驅使你以某種方式構建某個情況，甚至不會輕輕提示你這樣做。「對你剛描述的經驗，你有甚麼感覺？」是一個開放的問題。「為甚麼你顯得那麼憂愁？」卻不是開放的問題。

我們都知道開放和封閉的問題有甚麼分別，但我們往往不自覺地傾向封閉的問題。例如：我聆聽你回答一個開放的問題，是關於你的感受時，我發覺你沒有提到憤怒。在還沒有察覺自己在做甚麼時，我自己心裏便開始想：「如果我身處你的景況，我肯定會感到憤怒……」；接著我想：「你一定在壓抑你的憤怒，這是不好的……」；於是我便問你：「你感到憤怒嗎？」

這似乎是開放的問題，因為它容許你以你喜歡的任何方式回答。但由於它是由我渴望推動，建議你**應該**有甚麼感覺，它很可能將你的靈魂嚇走。如果我身處你的景況，我會感到憤怒，並不表示你有隱藏的憤怒。即使我感到難以置信，但並非每個人的內在生命都和我一樣！而如果你確實有隱藏的憤怒，我致力將那憤怒引出來，很可能令你更深地埋藏它，以防範我的自以為是。如果你憤怒，你會在合適的時候處理，不是由我決定，而第一步是由你自己指出你的憤怒，不是接受我指出那憤怒。

「不要嘗試比說話者所用的語言更快道出意思」，對提出誠實、開放的問題是一個良好的指引。藉著細心留意別人說的話，我們可以提出問題，邀請他們探究他們可能已經知道，但仍然未完全指出的事情。如果我問你：「你說你感到『挫敗』時，是甚麼意思？」可能可以幫助你發現其他感受——如果那些感受存在，而你又預備好指出它們的話。

但如果我提出這樣的問題，希望令你「說出那神奇的話」，例如**憤怒**，如我期望聽到的，連這樣的問題也會令你封閉起來！靈魂能夠十分敏銳地辨別空話。任何操控的意圖，它都能夠很快察覺，從那裏逃跑。

在我自己努力學習提出誠實、開放的問題期間，我發覺有幾個指引是有幫助的。但確保我的問題能夠歡迎靈魂的最佳方法，是以誠實、開放的精神提出那些問題。而培養這種精神的最好方法，是經常提醒自己，每個人都有內裏的教師，這教師對那人生命的權威，比我對那人生命的權威大得多。

就我所知，對觀看內裏教師工作，學習提出誠實、開放的問題來說，最好的學校是一個稱為「清晰委員會」（clearness committee）的辨別過程，這個過程已經成了很多信任圈的標準做法。這個名稱令這個過程聽起來好像來自六十年代，而它也確實來自六十年代——一六六〇年代！

清晰委員會（這樣稱呼它是因為它幫助我們實現清晰）由初期的貴格會會友發明。作為選擇沒有受按立的神職人員的教會，貴格會需要一個機制，幫助會友處理一些困難，而在其他宗派，這些困難只需要交給牧者或神甫處理。這個機制需要體現貴格會的兩個信念：我們的引導不是來自外在權威，而是來自內裏的教師，而且我們需要羣體幫助我們澄清和增強內裏教師的聲音。

最終產生的清晰委員會不單是一個地方，讓我們學習提出誠實、開放的問題。它是一個較大的信任圈中，一個有焦點的小系統；是一個環境，在其中我們強烈經驗到聚集在一起支持某人的內在旅程的意義。當清晰委員會成為持續的信任圈一個固定部分時，在圓圈中發生的其他一切都變得有深度，也正因為這樣，這章餘下部分會用來解釋清晰的過程。

取得清晰

這個過程始於一個「焦點人物」——這個人與一個關於自己個人生命或工作（或兩者）的問題搏鬥。這個焦點人物邀請四至六個人加入他或她的委員會。

「四至六個人」不是隨便提出的建議：不計焦點人物，清晰委員會由不少於四個人，又不多於六個人組成會最有效。他們當然應該是焦點人物信任的人，如果可能的話，他們應該有不同背景、經驗和觀點。[2]

通常，焦點人物寫一篇兩三頁紙的話，指出問題是甚麼，在會面前先交給委員會。如果焦點人物對用文字表達感到困難，他們可以將一些思想用言語錄下來，事先與委員會分享，或者做一些筆記，在委員會會面時根據筆記作口頭報告。

作為朝「清晰」走的第一步，人們通常覺得將報告問題分成三部分是有用的做法：

- **盡力指出問題是甚麼**。有時問題是清楚的（「我要從兩份工作中選一份」），有時卻是含糊的（「我生命中有些事情偏離了中心，但我真的不肯定那是甚麼」）。由於這個過程的目標是清晰，問題本身可能，而且也往往是隱晦的。即使當焦點人物感到問題似乎是清楚時，過程也可能揭示，真正問題原來是其他事情！
- **提供對問題有直接影響的背景資料**。適量的個人資料，有助推動清晰委員會前進。例如：你考慮辭工，而在過去十年，你轉換過五次工作，你最好預先交代這事實。
- **就你正帶著問題走向何處，指出任何可能浮現的提示**。在這裏，焦點人物分享自己對手頭的問題所有的任何直覺——無論是傾向兩份工作中的任何一份，或者只是對迷糊的前路感到焦慮。

在清晰委員會開始前，委員會成員花一點時間，與焦點人物重溫引導過程的規則，我們在這章餘下部分會解釋這些規則。確保每個人都明白這些規則，以及規則背後的原則，並認真看待為別人的靈魂保存安全空間的承諾所帶來的責任，是十分重要的。

委員會的成員應該有一個印出來的時間表，類似下面這一個，幫助他們依從時間和規則。即使過程似乎緩慢或焦點人物的問題似乎已經解決了，依從時間表往往可以帶來意想不到的洞見。因此兩小時是不容妥協的，過程每一部分所佔的時間也是這樣：

下午 7 時	安靜坐在圍成圓圈的椅子中。焦點人物預備好開始時便會打破沉默。
7:00 ~ 7:15	焦點人物描述自己的問題，而委員會成員則聆聽，不作任何干擾。
7:15 ~ 8:45	只能夠問問題！在一個半小時內，委員會的成員不能夠以任何其他方式向焦點人物説話，除了提出簡短、誠實、開放的問題。
8:45 ~ 8:55	焦點人物是否想各成員在提出更多問題以外，也將他們聽到的話「反映回去」? 還是只是繼續提問 ? 如果焦點人物邀請他們反映，各成員應該反映焦點人物的話或身體語言，不作任何詮釋。
8:55 ~ 9:00	給焦點人物、大家和共同的經驗肯定和歡慶。
下午 9 時	結束。記緊要尊重「雙重保密」這條規則。

清晰委員會以幾分鐘安靜時間開始，這安靜在焦點人物預備好提出問題時由他或她打破。即使問題已經

預早與委員會成員分享，這種口頭回顧也往往能夠揭示一些在面對面時才能夠傳達的細節。這介紹不應該超過十五分鐘。在這段時間，各成員都不能說話，甚至不能要求澄清。

焦點人物交代完問題後，便讓委員會成員知道他們可以開始工作。在接著的九十分鐘，委員會成員由一條簡單但要求很高的規則引導：**他們可以向焦點人物說話的惟一方式，是提出簡短、誠實、開放的問題**。

問題應該簡短和切題，如果可能的話，只用一個句子表達。如果我這樣提出一個問題：「你提到某些事情，這令我想到某些事情，所以我想問你某些事情……」我往往在嘗試引導焦點人物走向我看事物的方式。一個簡短的問題，沒有前言或解釋，可以減低我暗地裏提供勸告的風險。

問題應該慢慢給提出，問題、回應和下一個問題之間應該有安靜的時間。清晰委員會不是審問或盤問；放鬆和優美的步伐有助讓害羞的靈魂感到安全。如果我問焦點人物一個問題，在他或她回答後，我再問另一個問題，這很可能沒有甚麼不妥。但我會很容易在別人有機會提出問題前，想再問第三個問題。這時我需要深呼吸，記得房間中還有其他人。

我不應該只為了滿足自己的好奇心而問問題。相反，我的問題應該源自渴望支持焦點人物的內在旅程，而且我應該儘量令自己的動機純正。身為委員會的成員，我在此不是要滿足自己的需要，而是要完全與焦點人物同在，希望幫助那人完全與自己的靈魂同在。

提出關於那個人的問題，多於關於那個困難的，通常最有幫助，因為清晰委員會是關乎接近真我，多於關乎解決問題。我記得一名行政總裁正在處理集團中一個複雜和痛苦的種族問題。她召開一個委員會。一個成員問她：「在以前的衝突中，你學到甚麼關於你自己的事情，是現在對你可能有用的？」使她感到有幫助。但另一個成員問她：「你們集團有沒有好律師？」卻令她感到沒有幫助。

如果焦點人物感到某個問題不誠實或不開放，他或她有權這樣說，要求提問的人回到問題背後的規則和精神。但如果我的問題令焦點人物感到有欠缺，我**無**權加以解釋，也無權為自己辯護說：「你明白嗎？你說某件事時，我想到那個問題，於是我想起某件事，我的真正意思是這樣。」

這種「解釋」只是另一種嘗試推動焦點人物接受我思想方式的方法。如果焦點人物挑戰我，我只有一個選擇：不採取行動，接受批評，以更有幫助的方式回到過程中。提出任何解釋或辯護，都是將我的需要和利益放在焦點人物的需要和利益之上，會嚇跑他或她的靈魂。

通常，在問題提出後，焦點人物會高聲回答，幫助他或她聆聽內裏教師說的任何話。但焦點人物有權不理會任何問題，不加解釋，委員會成員也應該避免再提出類似的問題。不理會問題，並不表示焦點人物正叫內裏的教師窒息：他或她可能從不能在別人面前回答某個問題一事，學到一些重要的東西。

不能欺騙任何人，除了我自己

提出誠實、開放的問題，這種操練是清晰委員會的核心。但還有其他操練引導委員會的工作，這些操練的目的都是支持焦點人物的內在旅程。

如果焦點人物哭泣，委員會成員不能藉著給他或她紙巾，將手放在他或她肩膀，或者說一些安慰的話，從而給他或她「安慰」。在平常環境下，這些行動可能表達同情，但在清晰委員會中卻會帶來干擾。

如果我嘗試安慰焦點人物，我會將他或她的注意力，從那些眼淚中可能包含的信息轉移到其他地方。現在焦點人物留意的是**我**，而不是內裏的教師，令我感到我擅於關心別人：「謝謝你關心。但請不要擔心我。我不會有問題的……」我令焦點人物投入人際的交往，從而令他或她偏離自己的內在旅程。我必須記得，在這兩小時內，我只有一個責任：幫助焦點人物完全專注於真我的聲音。

同樣道理，如果焦點人物說了一個很好的笑話，我沒有自由長時間地高聲笑出來，雖然輕輕一笑不會有甚麼害處。同樣，我們通常認為有支持作用的行為，在這個環境下會帶來干擾和使人分心。如果我和焦點人物一起笑，我不單令他或她留意我——「喂，我也有幽默感呀！」，也可能阻礙焦點人物提出一個重要的內在問題：「我是否利用我的幽默感，掩飾別人提出問題時我感到的痛苦？」

清晰委員會其中一個要求最高的操練是關乎眼神接觸。在我們的文化中，人們通常認為說話時**不**與對方有眼神接觸是不禮貌。但下次你參與涉及幾個人的談話時，留意一下有甚麼事情發生。其中一個人說話時，聆聽的人靜靜發出一些訊號——微笑和點頭、側頭、皺眉頭等。他們穩定地給說話的人一連串提示，顯示他們是否明白或欣賞他或她說的話。

這些提示是要幫助對方，也確實可以，**如果**說話的人想說服別人，或者與別人產生聯繫。但非言語的提示，通常推動說話的人走在一定程度上由聆聽者選擇的路，而不是單由說話的人內裏的教師指示的路。我們從別人那裏接收這些信息時，我們往往改變我們所說的話，希望可以達到我們說話的目的。

在清晰委員會中，焦點人物的目標是與真我溝通，而不是其他人溝通。在這裏，非言語的信息不單毫不相干，更很容易帶領焦點人物走上一條錯誤的道路。委員會成員對焦點人物所說的話有甚麼想法或感受，是毫不重要的。惟一重要的回應來自焦點人物裏面。

因此，清晰委員會的成員避免非言語的回應，儘量以接納的中立聆聽焦點人物。但我們大部分人都發覺很難達到這個境界。因此，我們鼓勵焦點人物在回答問題甚至在整整兩小時中，都不與成員有任何眼神接觸，說話時閉上眼睛或者望向地上，藉以避免看見委員會成員可能傳達的非言語信息。

最初，焦點人物可能發覺很難停止眼神接觸，正如委員會成員發覺很難不發出非言語的回應一樣。但經過一段時間後，這些實踐會令每個人都感到釋放。這些做法鼓勵真誠的說話和接納的聆聽，吸引我們深入尊重和歡迎靈魂的空間。

長達三十年，我都使用清晰委員會幫助我作重要的決定。我聆聽人們誠實、開放的問題，也聆聽我內裏教師的回應時，我總有同一個想法：在這空間中，我不需要說服任何人相信任何事情，因此我不能欺騙任何人，除了我自己。在這一刻，沒有甚麼是有意義的，除了儘量清楚地按我的認識說出我的真理。這簡單的發現容許我聆聽和跟從一些內在的命令，而這些命令改變了我生命的路向。

歡慶的理由

經過個半小時的問題和回應後，清晰委員會進入最後階段。還有十五分鐘時間，有人問焦點人物是否想成員除了問更多問題外，也將他們聽到的東西「反映回去」(“mirror back”)，還是想繼續「只問問題」這條規則。

如果我是焦點人物，我總是選擇反映，因為在過程這最後階段，我往往遇到新的洞見。但由於反映令成員不用受「只問問題」的規則約束，我們會處於一個危險的邊緣，嘗試修正、拯救、勸告或糾正焦點人物。因此反映要受清晰定義保護，界定甚麼是容許的，甚麼是不容許的：反映只能夠有三種形式。

第一種形式涉及向焦點人物說：「有人問你某個問題時，你給予某個回答……」，問題和回答都是直接引述所說的話，沒有用其他言語表達。很明顯，如果我這樣反映，我認為那問題和那答案中有些東西是焦點人物需要看見的。但我不能說出那是甚麼東西，以免我開始提供意見。焦點人物有自由就我提出的反映說話或不說話：重要的不是我在焦點人物的話中看見甚麼，而是焦點人物在我反映那些話回去時看見甚麼。

第二種形式的反映涉及引述焦點人物給兩三個不同問題的兩三個回答，邀請焦點人物看那些回答之間的關係。藉著以暗示回答中有一個模式的方式「將各點連繫起來」，我很危險地近乎將問題加以分析，或許甚至提議一個「解決方法」。但我同樣不能描述或暗示我認為自己看到甚麼模式。而焦點人物也同樣有自由以自己希望的方式回應，包括甚麼也不說。

第三種形式的反映涉及焦點人物的身體語言。我可能向焦點人物說：「有人問到保險公司給你的工作時，你在椅上彎腰，平淡地低聲說話。有人問你關於國家公園服務處（National Park Service）的工作時，你挺直身子，抑揚頓挫地高聲說話。」

重要的是，我**描述**而不是**詮釋**身體語言。「你在椅上彎腰，平淡地低聲說話」是描述。「你說話時似乎不熱中，甚至沮喪」則是詮釋。前者容許焦點人物看鏡子，對那裏有甚麼事情得出自己的結論；後者則是判斷，可能帶來抗拒而不是接納。而且我的判斷可能是錯的。對我來說是「沮喪」的姿勢，可能反映說話的人在沉思。

身體語言通常是「說話」的人聽不到的。所以雖然總會有危險，但以純粹反射的方式反映回去，對嘗試聆聽內裏教師的人來說，可以是一份很大的禮物。

在這兩小時的過程中，現在還餘下五分鐘，需要有一個委員會成員說：「是時候給予肯定和歡慶了。」我參與過很多清晰委員會，從未經歷過最後這五分鐘是虛假或被迫的活動。隨著過程要結束，我幾乎總是發覺，我親眼看見一些奇異和寶貴的東西：人類靈魂的真實和能力。我看見一個人從自己內裏的教師得到重要且往往是意想不到的洞見。在我們這個世界，靈魂往往受到喝止，歡迎靈魂，尊重靈魂，看著靈魂工作的機會，明顯是值得歡慶的理由。

在清晰委員會中進行的靈魂工作是安靜、隱晦和幾乎不可能用言語表達的。但以下這些來自一名參加者的話，可以見證這個過程怎樣為最不能捉摸的情感添上一種可以捉摸的形式：

> 我多年來在很多不同層面問自己的問題是：「我怎樣愛？」這空白位置可以填上很多不同的字眼——我的妻子、我的孩子、我的父母、我的學生、其他人類……這證實是最富挑戰性的

問題。

最近，透過〔在信任圈中〕的工作，我對這事情有新的洞見。在〔我們一起〕期間，我們探索並參與一個清晰委員會。在這個過程中，我學習一種新的聆聽方式，是要求最嚴格的。這種方式不受我自己的反感和判斷妨礙。我學習開放地聆聽別人的靈魂，聆聽真實和神聖的東西。

在靈光一閃間，我看見這種方式可以讓我將愛付諸實踐——藉著無私、完全專注地聆聽別人。我可以在任何時候、對我遇到的任何人這樣做。我可以單單透過聆聽而實踐愛。突然間，最難以捉摸、最理想的觀念輕輕地來到地上。[3]

手中的小鳥

我們都由傳統文化模塑，所以我們來到清晰委員會時都帶著一種引力，嘗試將我們的關係拉回到修正、拯救、勸告和糾正別人。

為了幫助人們抵抗這種拉力，清晰委員會的成員要依從一些行為的規則，是具體得可能顯得荒謬的。如果焦點人物哭泣，不要遞紙巾給他或她；如果焦點人物說笑話，不要笑；說話和聆聽時維持中立的表情；容許焦點人物在整整兩小時內避免眼神接觸。

我教導這些基本規則時，人們往往說他們被這程度的「微觀管理」(micromanagement)嚇怕。我得承認，我的回應是：「好！」我們同意託管某人的靈魂時，需要感受到這承諾的分量，才能夠好好完成這工作。教導別人這個過程的人需要提高行為的標準，令任何人如果輕忽地破壞規則，都會感到尷尬，藉以將焦點人物受傷害的可能性減到最低。

但我們提高這標準時，便面對危險，由法律推動清晰委員會，而不是由法律精神推動。如果我們要令這空間讓靈魂感到安全，接待的精神至少和幫助我們以接待的精神行動的規則同樣重要。

因此，除了教導規則外，我也給人們兩個清楚但簡單的意象，顯示規則背後的精神。我在教導這章裏提出的規則**前**提供第一個意象：身為清晰委員會的成員，我們要創造和保護一個空間，是**只**由焦點人物佔據的。在兩小時中，我們行動的方式，彷彿顯示我們存在的理由只是為了將焦點人物放在一個安全的空間，給他或她專注的注意力，守護這空間的邊界，阻止任何其他事物令他或她分心。

引導我們行為的規則，是設計來防止我們入侵那空間，防止我們說任何話，或做任何事情，將注意力引向我們自己。正因為這樣，當焦點人物反對某個問題時，我們不能為自己辯解；焦點人物哭泣時，我們不能給予安慰；焦點人物有非言語的話時，我們不能加以詮釋。這些行為會將我們的需要和議程放進空間中，排擠焦點人物的靈魂。

「創造和保護空間」，讓我們可以單單留意焦點人物的這個意象，能夠回答幾乎所有關於實行清晰委員會的問題。焦點人物說話時我應否記筆記？如果記筆記令我從焦點人物分心，答案是不應該記筆記；如果記筆記幫助我留心，答案是應該記筆記。如果焦點人物或委員會成員需要去洗手間又怎樣呢？焦點人物只需要簡單地解釋一下，然後離開；而委員會成員則保持安靜，直到他或她回來。委員會成員則應該安靜地離開，不作任何解釋，而過程則繼續下去，那成員應該跟離開時一樣，安靜地回來。

還有一條規則，幫助我們為焦點人物保存安全的空間——「雙重保密」的規則。委員會結束後，在其中說過的任何話都不能向任何人透露。在聚會期間記筆記的人，要在離開前將筆記交給焦點人物。這不單保證能夠保密，也給焦點人物一份大禮物：關於他或她的靈魂感到安全得可以說出真理時說過甚麼話的一份詳細記錄。

雙重保密的第二部分和第一部分同樣重要：委員會成員不能在一天、一星期或一年後接觸焦點人物，對他或她說：「記得你說過某件事嗎？我想與你分享一個關於那件事的想法。」焦點人物可以找我們其中一人作進一步探討。但如果我們要給那人我們的回應或意見，便妨礙了他或她獨處。焦點人物往往說，在清晰委員會的所有規則中，雙重保密最能夠給他們信心，相信在這空間中，他們可以自由地說出自己的真理。

我教導了這些規則**後**，並在過程快要開始前，提供第二個意象，是很多人都覺得有幫助的。我提出在接著的兩小時，我們要好像雙手捧著一隻小鳥那樣，捧著焦點人物的靈魂。

我們這樣做時，很可能會經歷三個試探，重要的是，我們要抗拒這些試探。它們包括：

- 經過一段時間後，我們雙手可能會開始緊握小鳥，想解剖這小動物，找出甚麼令它活動。要抗拒這試探：我們的工作不是分析，而只是堅持開放的信任。
- 隨著時間過去，我們的手臂會開始感到疲倦，我們可能受到試探，要將小鳥放下：注意力減低，思想游離，我們不再將焦點人物放在我們意識的中心。我們也必須抗拒這試探。小鳥十分輕，靈魂更輕。如果我們明白，我們沒有責任修正、拯救、勸告或糾正這個人，我們的擔子會消失，我們也可以捧著這靈魂兩小時，而不感到疲倦。
- 在過程快將完結時——我們已經開放地以最好的意圖捧著小鳥——我們可能發現自己掬手隱晦但持續地向上移，鼓勵小鳥飛走：「你看不見你在這裏學到的東西嗎？你不是預備好起飛，根據你現在知道的事情行動嗎？」也要抗拒這種試探。這小鳥在預備好時會飛走，而我們不可能知道那是甚麼時候。

清晰委員會的成功，並不繫於焦點人物能否「解決」自己的困難，並預備好行動。正如所有人都知道，生命並不這樣工整地呈現出來的。清晰委員會的成功，只繫於我們有沒有在整整兩小時中，以開放的手安全地捧著焦點人物。我們這樣做時，焦點人物幾乎總能夠從內裏的教師那裏得到新洞見，而且往往也得到一兩個啟示。

清晰委員會完結時，我們不需要停止捧著焦點人物。小組解散後，我經常想到的意象是，將我張開的雙手放到我開放的心，在那裏我可以繼續將焦點人物捧在我的思想、我的關心、我的禱告中。

在過去三十年，我將這種「一起地單獨」的方式教導給數以千計的人。過程完結時，我總問他們：「上次一小羣關心、能幹的成年人，在整整兩小時中，以你為他們注意力的中心，心裏只想創造和保存一個空間，讓你可以聆聽你靈魂説話，是在甚麼時候？」幾乎沒有例外，我只聽到一個答案：「我一生裏從未經歷過這種事情。」

有很多在一起的好方式——如果我們所有交往都由清晰委員會的規則引導，人生會相當可怕！不過，我們花那麼多時間彼此不費力地接觸，卻很少甚至從沒有在彼此的內在旅程中提供這種支持，似乎是很大的遺憾。

但永遠都不會太遲。維珍妮亞·肖里（Virginia Shorey）是很有天分的教師，也是與眾不同的人。她在生命最後的日子尋求和接受這種支持。她參加一個為期兩年的信任圈，在小組開始後得知自己患了不能治愈的癌症，並在小組完結前去世。

維珍妮亞的圈中那些人是她旅程的同伴，他們從她

極大的勇氣中得益。這些好處有部分是透過維珍妮亞要求、又在日記談及的四次清晰委員會得到的：[4]

〔清晰委員會中的〕每個人都問我非常誠實和充滿憐憫的問題。我向他們開放自己，分享我的恐懼，以及我不能描述的所有情感。我坦露我的意圖，我未完成的目標、夢想，以及我對生命那麼快便要完結的恐懼，還有我為家人感到的恐懼。我告訴他們我還未完成學習和付出。我想寫一本書，但現在我的世界已經開始崩潰。委員會沒有安慰我，他們也沒有修正我。與他們一起，我感到很安全。我在他們的同在中找到力量。經過這〔幾節〕後，我開始明白我的疾病，甚至將它當為禮物來接受。這些清晰委員會是我在走出自己的森林時的同伴。

維珍妮亞在去世前不久，寫信給我，不單表達對清晰委員會的感激，也感謝整個信任圈。我不能想到比這更好的話來結束這一章：

我寫信給你，是要表達我心裏對〔這個圓圈〕的深深感激。它大大祝福了我的生命，不單在我的教學中，也在我個人和家庭生活中，給我各種洞見。

首先，它給我真正的勇氣，尊重和尊崇自

己，從而開出新路，讓我真正認識自己。它幫助我明白生命的弔詭，特別是我被確診患有末期癌症時。它令我留意到自己的資源……

我學懂看到我的感官以外的事情，透過靜默和默想，透過不同的眼睛，看靈性的世界。我學懂以前所未有的方式欣賞大自然、那循環和季節。我看到別人配得我尊重，我也配得他們尊重。

最重要的是，我學懂我們都是更大的羣體的一部分，這大大改變了我的信仰系統。由於這個〔圓圈〕，我學懂克服我的恐懼，明白到我有無限的資源。事實上，我完全明白活著和死亡所需的勇氣，也完全明白認識真我是多麼崇高！

註釋：

1. Rilke, *Letters to a Young Poet*, 35.
2. 在信任圈中建立清晰委員會，有時會涉及一點數學。只有七個或更少人的圓圈可以為其中一個成員成為「整體的委員會」。但更大的圓圈需要有足夠數目的人主動成為焦點人物，讓每個人都可以加入委員會，而各委員會都不會太大或太小。例如：在一個有十七人的圓圈，便需要三個焦點人物；在有二十四人的圓圈，便需要四個焦點人物。在較大的圓圈中形成清晰委員會時，委員會成員由協調人編配（而不是好像在圓圈以外成立委員會時那樣，由焦點人物挑選）。在編配前，協調人要求每個焦點人物提供兩張人名清單：他們特別希望委員會包括的人，以及他們不想委員會包括的人。協調人盡可能從第一張清單編配委員會人選，並保證不會從第二張清單中編配人選。

3. 我很感謝皮特拉什（Jack Petrash）容許我使用他的話。

4. 感謝已故的維珍妮亞．肖里（Virginia Shorey），她是個勇敢和令人鼓舞的女士。她給我這些話，並容許我使用。我也感激她丈夫羅斯科．肖里（Roscoe Shorey）容許我在這裏使用她的名字。

第九章

關於歡笑和靜默

不太古怪的伙伴

不要說話，除非你做的可以比靜默更好。

——貴格會格言[1]

歡笑不需要脫離任何東西，因為它改進一切。

——瑟伯（James Thurber）[2]

從氣餒到注定失敗

我發覺嘗試以文字傳達在信任圈中説話、聆聽和回應是甚麼意思，令人有點氣餒。對這些實踐的本質，它們怎樣歡迎害羞的靈魂，並支持走向不分割的生命那旅程，我希望最後幾章已經投下了一點亮光。但我承認我寫那幾章時，我不斷想到：「要明白這一切，你必須**親身**經歷。」

現在，在著手寫信任圈中靜默和歡笑的角色時，**氣餒**不大能夠描述我的感受。**注定失敗**會更接近事實！怎樣書寫無言的靜默？怎樣書寫在正確的時刻以正確的話產生的那種歡笑？但我必須書寫，因為靜默和歡笑都是為靈魂創造安全的空間所不可或缺的。

靜默和歡笑可能看似古怪的伙伴，但經驗顯示事實並非如此。例如：我們怎樣稱呼可以花很長時間一起靜默，而又不感到不自在或緊張的人？或者可以利用幽默幫助大家度過艱難日子的人？我們當然稱他們為好朋友。

需要由好朋友來支持靜默和歡笑，因為靜默和歡笑都令我們脆弱。靜默令我們脆弱，因為我們不再製造噪音時，我們便失去控制：誰知道如果我們關掉電視，或停止嘮叨一會兒，可能會有甚麼思想或感覺浮現？歡笑令我們脆弱，因為它的出現往往是回應我們的瑕疵和弱點：誰知道笑話以我們為對象時，我們會顯得多麼愚蠢？我們只有在互相信任時，才能夠分享靜默和歡笑——而我們愈分享，信任便愈加深。

靈魂喜愛靜默，因為它是害羞的，而靜默令靈魂感到安全。靈魂喜愛歡笑，因為它尋求真理，而歡笑往往反映真實。但最重要的是，靈魂喜愛生命，而靜默和歡笑都是生命所需的。或許正因為這樣，對那些能夠同樣自在地分享靜默和歡笑的人，我們還未想到比靈魂伙伴（soulmates）更好的名稱。

與別人一起笑還是取笑別人？

成長時，我的家人經常笑。我們現在仍然是這樣。但我父母確保我們明白，取笑別人（壞事）和與人一起笑（好事）之間的分別。我學到**憐憫**（compassion）的字面意思是「一起感受」時，想到這個區別。憐憫的歡笑在我們探討人類共享的景況，在喜劇與悲劇交織時浮現。彼此**一起**笑是一種憐憫，這種歡笑也在信任圈中出現。

我寫這一章時協調一個這樣的圓圈。大家一起的時間快將結束時，有人提醒我們，大家很快會回到家人和朋友那裏，他們會問我們：「退修會有甚麼事情發生？」他說自己感到很難與生命中的重要人物分享有力的內在經驗，他還告訴我們一對夫婦的故事：在太太的內在旅程走上一個方向，是丈夫不明白的時，他們的婚姻出現問題。

他這樣說時，很多人都點頭同意，氣氛開始變得有點陰鬱。接著有人彎腰，從公事包拿出一本紅色的小書。他說自己總是帶著這本書，因為它有很多明智的建議，幫助我們應付各種大小問題。

他說那本書叫《猶太教的禪：給你，一點開悟》（*Zen Judaism: For You, a Little Enlightenment*）。書名本身已經引人發笑。但與他讀出書中的一個「教導」後引發的歡笑相比，這算不得甚麼。他讀到：「如果你實行禪定一段長時間，感到你把他們隔絕的朋友和親人可能會批評你。不要理會這些人。」[3]

我們的歡笑沒有嘲笑我們的朋友、家人或提出這個問題的人，他聽到這個「禪宗教導」時，與房間中任何人都笑得同樣大聲。我們沒有取笑任何人；我們是與有共同景況的人一起笑。我們的歡笑令我們更輕鬆地對待我們的關注，令我們更有機會以更多愛來處理這個問題。

事實上，這些人一旦回家，家人問他們「發生了甚麼事？」時，我想像他們很多人都會先講述這個故事，將問題緩和，消除退修的神祕色彩，然後開啟更深刻的對話。不經幽默發酵的靈性莊嚴，能夠製造一種生命的餅，令我們吃了會感到腹痛。

在帶領我們更接近神聖這方面，歡笑可以好像靜默那樣有幫助。例如：我想到在家庭晚餐中有孩子在場的經驗。其中一位成年人邀請我們低頭，合上眼一會兒，安靜地謝飯禱告。成年人都遵從，但有兩三個小孩忍不住偷偷觀看，他們目光相遇時，產生連串反應：首先是忍住的鼻息，然後是壓低音量的哄笑，最後是不受控的大笑。在這些可愛的時刻，孩子的歡笑總令我覺得是一種禱告——與我們成年人在靜默中所做的同樣有效，都是歡慶生命的神聖，而孩子深深棲居在這神聖中。

我們成年人壓抑歡笑，維持嚴肅的外表時，可能也壓抑了靈魂，正如一名公立學校教師在信任圈中學到的。在家裏與家人和朋友一起時，她是個喜歡笑的人。但她一踏進課室，便戴上專業的面具，以教師那種拘謹說話和行事，就好像她接受的訓練教導她那樣。

經過多年的教學生涯後，她開始感到耗盡。她加入一個信任圈，希望更新自己的靈魂——她不久便學懂，她裏面的「野生動物」感到安全得可以出現時，那就好像「棟篤笑」一樣。她開始明白，幽默是她真我必不可少的特點，她決定與學生相處時，會嘗試好像與家人和朋友相處時一樣真實。

她將靈魂和角色重新連繫時，也重新發現教學的樂趣。她的學生現在面對更真誠和容易親近的老師，感到更安全，因此也更投入學習。

安靜的交流

我父母關於兩種笑的勸誡，在靜默方面也有類似之處。我們可以「對」別人靜默——就好像以「靜默對待」別人，表達我們的鄙視，或者看見別人受到不公義的對待時，懦弱地靜默。這種靜默破壞羣體，甚至可能令我們成為邪惡的同謀。

我們也可以「與」別人一起靜默，就好像圍繞反思、默想和禱告的那種靜默。這種靜默，也就是我們在信任圈中實踐的靜默，是另一種人類交流的形式。憐憫的靜默可以幫助我們彼此連繫，觸及規避一切言語的真理，也讓這真理觸及我們。

在彭德爾山，這個我生活和工作了十一年的貴格會羣體，我們的生命是那麼深地交織在一起，以致人們很快互相依附，也同樣快地彼此疏離。但對一個在那裏生活的女士與我的關係來說，用**疏離**來形容實在太溫和了。我心裏認為她是魔鬼的後代，直接由地獄的深淵派來，要消滅地上生命中一切有生氣和良好的事情。

彭德爾山的人每天早上「聚集敬拜」，有四十五分鐘的集體靜默，偶然會有打從內心的自發的說話將靜默打破。一天早上，我遲了參加敬拜，惟一的空位在**那女士**旁邊。我感到煩躁，幾乎想轉身離開。但我總算能夠坐下來，閉上眼，開始默想，漸漸忘記自己坐在來自黑暗世界的受造物旁邊。

大約半小時後，我仍然垂下頭，但張開眼睛時，我發覺自己正盯著這名女士那放在膝上、朝上張開的手。那時，在一線陽光的照射下，我看到她手腕的一根血管微弱但穩定地跳動，那是她那顆人類的心基本的跳動。在一瞬間，我以言語不能形容的方式知道，這裏坐著一個和我相同的人，有長處也有弱點，有盼望也有失望，有喜樂也有沮喪。在那一刻，我對自己認為她是誰，以及她認為我是誰的感覺，經歷了一種轉化。

我從沒有與這名女士變得親近。事實上，我一直都提防她。但我不能再好像那靜默、有陽光照射的一刻之前那樣，將她妖魔化。我相信，如果我嘗試與她「談論有關事情」，這個關於她人性的啟示，以及這次我們關係的重整，便不可能發生。在靜默中有一種交流的深度，是有時會勝過我們以言語所能夠成就的。

在信任圈中，除了靜默是較不嘈吵外，它與歡笑相比，還有另一個重要的分別。令我們關係加深的歡笑，不是有計劃的實踐，而是一種自發的、對共同經驗的回應。這不是由技藝精湛的喜劇演員引發的歡笑，而是在我們看到日常生活中隱含的有趣事情，並令人留意這事情時自然地出現。

但令我們的關係加深的那種靜默，卻必須首先是有意識的實踐，然後才能夠變成自發的回應。為甚麼？因為在我們的文化中，歡笑是可以接受的，但靜默卻不可接受。藉著創造故意的靜默，我們在聲音停止便表示有些事情嚴重出錯的文化中，為自發的靜默鋪路。

熱梅恩（Rachel Remen）是身體和靈魂的醫生。她講述一個關於以靜默作為實踐的有力故事。她的一個同事參加一個關於榮格夢境分析（Jungian dream analysis）的會議。在會議中，人們將一些問題寫在卡紙上，傳給一羣專家，其中包括榮格（Carl Jung）的孫兒：

> 其中一張卡紙講述一個一再重複出現的可怕夢境。那人在夢中被納粹的暴行奪去一切人的尊嚴和價值。一位專家高聲讀出這個夢。我同事聽到這個夢時，根據預期那羣專家會怎樣回

應，開始在腦中對這個夢構想一個解釋。她認為，這實在「簡單不過」，她心裏忙於為夢中描述的虐待和暴行提供象徵的解釋。

但這完全不是那羣專家的回應。那位專家讀完這個夢後，榮格的孫兒看著在場的一大羣人說：「請各位站起來。我們會靜默站立一會，回應這個夢。」眾人站立了一分鐘，我的同事不耐煩地等候她肯定接著會出現的討論。但眾人坐下時，專家開始處理下一個問題。

我的同事完全不明白這是甚麼一回事。幾天後她問其中一位教師這件事。這位教師本身也是榮格派的分析師。他說：「噢，洛伊絲（Lois），生命中有些痛苦是不能用言語表達的，有些脆弱是那麼極端，遠超過言語的限度，遠遠不能解釋，甚至不能醫治。面對這種苦難，我們能夠做的只是作見證，不讓任何人需要獨自受苦。」[4]

這個故事有兩個潛台詞，幫助我們明白為甚麼「與別人一起靜默」必須在信任圈中教導和實踐。首先，那個榮格會議的靜默並不是自發地出現的；它由其中一位領袖引發。如果榮格的孫兒沒有號召人們靜默，那羣專家可能會進行分析的討論。

第二，雖然房間中可能有很多人明白為甚麼靜默是惟一有意義的回應——否則他們會堅持要求解釋那個夢境，但熱梅恩的同事並不明白。她被困在分析的思維中，需要有她信任的教師向她解釋發生了甚麼事，以及背後有甚麼原因。

靜默作為實踐

熱梅恩談及的那種靜默在信任圈中經常出現，有時是回應巨大的苦難，有時是回應極大的快樂。這種靜默不是傳達漠不關心或忽略，而是傳遞敬畏和尊重。這種靜默向將自己的真理放到圓圈中心的人說：「我們不會侵入或迴避你向我們開放的靈魂真理。我們會在靜默中憐憫地捧著這真理和你。」

但幫助圓圈中每個人對靜默感到自如，是一個挑戰，因為對靜默的恐懼深入我們的心靈。我聽過一些研究顯示，一般的團體可以忍受的靜默大約只是十五秒。你可以在接著幾個星期自行研究這個問題。如果你在一羣人中，出現了一刻的靜默——在我們多言的文化中，這已經不簡單——計算一下隔多久後會有人開口說話，即使那人實際上無話可說。

當然，我們在私人生活中也找到我們害怕靜默的證據。大部分人工作的地方都充滿噪音。但我們離開工作，有機會靜默時，有多少人會一登上汽車便扭開收音機？我們有多少人會一回到家就開動電視機？如果我們讓自己脫離這種騷擾一段較長的時間，外出散步，又有多少人會攜帶隨身聽和耳筒？又有多少人倚賴不斷的喋喋不休，以致手提電話不離身？

有人可能以為我們的宗教羣體會重視靜默，因為這些羣體宣稱會帶領我們與神聖的奧祕相遇。但在我認識的大部分教會中，真正的靜默都十分罕見：更多時候，空氣中充滿言語或其他聲音。我發覺特別奇怪的是，即使主領者號召大家靜默片刻，也就是他們不說話的片刻，那「靜默」也往往伴隨著管風琴音樂！而即使這樣的時候，那靜默也大約只維持十五秒。

但在信任圈中，靜默是必不可少的元素，這再次提醒我們，這種圓圈是多麼反文化：沒有靜默，我們只是另一羣人，闖過樹林，呼喊著要靈魂出來。創造信任圈的所有其他主要實踐，包括使用第三種東西，中心向中心說話，實踐深刻的聆聽，和提出誠實、開放的問題，都必須以靜默表達，以靜默交織，才最有可能轉化我們的生命。

為了幫助人們對靜默感到自在，信任圈的協調人必須令靜默成為標準的實踐。藉著盡早並不斷提供機會，讓參加者經驗到靜默是禮物而不是威脅，我們可以令靜默在我們中間自發地出現。

例如，在圓圈開始的時刻，協調人不似領袖通常會做那樣，以問候、自我介紹、檢視議程和一些勸告的話開始。相反，他們只是說：「讓我們花幾分鐘靜默，讓自己完全投入這圓圈」，而且在過了三四分鐘後才打破靜默。

人們對以靜默開始感到更自在後，對在中途的靜默也感到更自在，例如在關於第三種東西的對話期間靜默。最初，協調人可能需要提醒我們，在不同人說話之間要容許一點靜默，讓每個人都有時間思想，也讓較遲說話的人有機會加入。隨著我們看見這些靜默的果子，我們便不再需要那麼多提醒。而在清晰委員會中，我們看到焦點人物在言語之間的空間中學到很多東西時，對靜默的信任也會加深。

我擔任社區組織者時，明白到給人們藉口和許可，做他們想做，但自行做則太尷尬的事情，可以帶來重大的改變。靈魂想靜默——而我們給別人藉口和許可在信任圈中靜默時，靈魂便利用這個機會，而且往往有帶來轉化的結果。

為甚麼靈魂喜愛靜默？我知道的最深刻答案，援引我們從哪裏來和往哪裏去的奧祕。出生時，我們從大靜默（Great Silence）中出來，進入規限靈魂的世界；死亡時，我們回到大靜默，在那裏靈魂再次得到自由。

我們的文化是那麼害怕死亡的靜默，以致崇拜不住的噪音，或許以它作為「永生」的世俗記號！在所有這些噪音中間，小小的靜默可以幫助我們對那大靜默感到更自在，而我們所有人都走向這大靜默。小小的靜默帶給我們「小小的死亡」。令我們驚訝的是，這些小小的死亡能夠帶來深刻的滿足。例如：我們安頓在靜默中時，我們的裝模作樣和推擠都必須停止，我們可能經驗自我暫時死亡——我們花那麼多時間培養的那種自我的分離意識（separate sense of self）死亡。但這種「小小的死亡」不會嚇怕我們，而是會令我們感到更平安和更自在。

聖本篤會規(The Rule of St. Benedict)這修道生活的古老指南，包括「每天將死亡放在眼前」這個勸誡。[5] 年青時，我覺得這個勸誡有點病態。但年紀愈大，我便愈明白這種實踐可以怎樣帶來力量。我安頓在靜默中時，更接近自己的靈魂，觸及自己裏面一個地方，是不懼怕死亡的。我在靜默中經驗的小小死亡，令我更欣賞生命，更欣賞我寫作時充滿房間的光，更欣賞從窗外吹進來的微風。

因此，靜默不單帶來小小的死亡，也帶來小小的出生——對美、活力、盼望、生命的小小覺醒。在靜默中，我們可以開始直覺到出生和死亡有很多共通點。我們無畏地從大靜默中來到這噪音的世界。或許我們也可以無畏地回去，跨越回去，知道那大靜默是我們最初和最終的家。

歡笑、靜默和權力

在下一章，也是最後一章，我會提出，在信任圈中歡迎靈魂，對非暴力的社會改變可以有貢獻。我明白我的命題是多麼獨排眾議。在喜歡將內在生命與外在生命分開的文化，這本書探討的這些觀念，常常被視為與政治毫不相干。

因此，我想為下一章做一些準備工夫，思想歡笑和靜默的政治意義。這肯定是對個人和政治能否聯合的測試：我們在信任圈所做的事情中，歡笑和安靜聽起來好像最非政治的行動。但歷史顯示，對權力的壓迫性使用，人們長久以來都使用歡笑和靜默來抵抗和重新引導。

例如：在受壓迫者的權力中，諷刺是腐敗的領袖最害怕的一種。歡笑開始在不公義的政權周圍嚷鬧時，可以粉碎權力的基礎，令政治的地震儀不住震動。為了令地震不會加劇，獨裁者盡可能壓迫諷刺作家，在不能施加壓迫時消滅他們，並對在地下出現的諷刺提高警覺。只有民主才容許人們嘲諷有權有勢的人，而即使在民主社會，嘲諷也有助於令他們倒台，正如美國一些前高官可以證明那樣。

我有幸生活在民主社會而不是極權國家中。但我珍惜的民主不斷受到一種政治威脅，這種政治以愛國和宗教的外衣包裝權力的貪婪和自大。有一個經典的童話十分適合用來描述這一切，也可以教導我們歡笑和靜默的政治潛力。這個童話是安徒生（Hans Christian Andersen）的〈國王的新衣〉（“The Emperor’s New Suit”）。[6]

很多代的學生都熟悉故事的情節。一些冒牌的裁縫來到城鎮，說服國王花大筆金錢造一套新衣。為了令自己賺最多金錢，他們以空氣製造這套新衣，然後令國王相信，只有無知和愚蠢的人才看不見他的「新衣」。國王不想被視為無知和愚蠢，所以同意赤條條地在市鎮巡行，而鎮民則在街上列隊，讚美他這套裁製的華服，因為他們也好像國王一樣，不想被視為無知和愚蠢。這個場面是分割的生命的一個經典例子：國王和鎮民心裏都知道真相（truth）是甚麼，但外表卻活出謊言。

只有一個小男孩才有智慧粉碎這個蠢人的合謀。他高聲喊叫：「國王是赤裸的！」男孩驚惶失措的父親試圖令他閉嘴。但這純真的呼喊已經釋放了鎮民，令他們相信自己雙眼，一致看到國王完全沒有穿衣服。在人羣中，只有這個孩子的生命沒有分割，用梅頓的話說，這個孩子的生命令所有其他人不致變成「瘋子或罪犯」。[7]

童話沒有提到鎮民爆出笑聲。但我們有自由想像他們高聲笑了很久——如果不是在街上，也是在回到家裏之後。畢竟，重述這個故事，而人們在自己的領袖，更不要說在自己身上看見這情況時，在長達一個半世紀以來都引發笑聲。

即使這些虛構的鎮民怕得不敢公開發笑，他們只是不再對國王的「新衣」發出讚歎，也已經是發出一個政治聲明。如果他們只是變得沉默，停止在謊言面前阿諛奉承，已經足以令政治地震儀再次跳動，令腐敗的當權者震動。

這種靜默的信息十分簡單：「我們這些百姓」不會再合謀支持這幻象，幫助腐敗領袖維持控制。藉著不替他們喝彩，並變得沉默，我們走出微小一步收回那允許；那允許有助人繼續濫用權力。我們不再肯定，或者假裝肯定，腐敗領袖用來包裹自己的國旗和宗教象徵有任何意義——除了含蓄地審判這些領袖的表裏不一。

當然，我剛才描述的歡笑和靜默，與我們在信任圈中實踐的那種歡笑和靜默不同。我們**嘲笑**腐敗的領袖，而不是**與他們**一起歡笑。我們也用靜默來對他們的腐敗表示異議，而不是向他們表達同情。

如果我父母要指出，這違背了有禮貌的原則，我可以提出兩個辯解——雖然我不肯定他們會接納！首先，諷刺的笑和表示異議的靜默，是激起社會改變的非暴力方式。面對殘暴和不公義時轉向非暴力的人，比以表面敬虔和愛國精神來支持經濟和戰爭暴力的領袖，更可以自稱為有禮貌。

第二，這些分享憐憫的靜默和歡笑的人，從這些實踐預備好「向權力說出真話」的一些方式，是有助醫治那國家的。在歡笑中，我們學習辨別真實和虛幻的分別，在政治生活的煙幕和鏡子中，這對我們是好的。在靜默中，我們記得自己終有一天會死，這給我們勇氣說出自己的真理，無論會受到怎樣的懲罰。

我們明白任何人施加給我們的懲罰，都不比我們過分割的生活時施加給自己的懲罰更糟時，便會產生勇氣。在永遠不認識真我的哀傷中，分割的生活終結。但如果我們「不再分割」地生活，我們總會有最終的歡笑。

那種笑既不是嘲笑別人，也不是與別人一起歡笑——而是嘲笑自己，與自己一起歡笑。我們看到自己有圍牆的生命是自製的囚牢，我們因為害怕現在顯得可笑的幻象而蔑視自己的正直時，這種笑便出現。這樣我們便有最終的歡笑，可以在暴戾的世界中以真理和愛行動。正如奧利弗寫道：

我不知道從何而來

這種肯定——

勇敢的肉身

還是思想的劇場——

但如果要我猜想

我會說，只有

靈魂好像應然那樣

才可以給我們

這種歡笑。[8]

註釋：

1. 我最初從貴格會那裏聽到這句格言，一直都以為這句話源自他們。但在互聯網上搜尋後，我發覺這句話的來源有不同版本——包括佛教、一個不知名的修士和馬克吐溫（Mark Twain）。因此關於這句話的來源，對我來說，明智的做法很可能是保持沉默！
2. Helen Thurber and Edward Weeks, eds., *Selected Letters of James Thurber* (Boston, MA: Atlantic/Little Brown, 1981).
3. David M. Bader, *Zen Judaism: For You, a Little Enlightenment* (New York, NY: Harmony Books, 2002), 75.
4. Rachel Remen, *My Grandfather's Blessings* (New York, NY: Riverhead Books, 2000), 104~105.
5. Boniface Verheyen, trans., *The Holy Rule of St. Benedict* (Atchison, KS: Saint Benedict's Abbey, 1949), cp. 4, no. 47.
6. "The Emperor's New Suit," in Lily Owens, ed., *Complete Hans Christian Andersen Fairy Tales* (New York, NY: Gramercy, 1993), 438.
7. Thomas Merton, *Raids on the Unspeakable* (New York, NY: New Directions, 1966), 62.

8. Mary Oliver, "Walking to Oak-Head Pond, and Thinking of the Ponds I Will Visit in the Next Days and Weeks," in *What Do We Know?* (Cambridge, MA: Da Capo Press, 2002), 54.

第十章

第三條道路

日常生活中的非暴力

在壞事和好事這些觀念以外，
有一片田地。我會在那裏見你。
靈魂躺臥在那草上時，
世界滿得不能談論。
觀念、語言，甚至「彼此」這個詞
都再沒有任何意義。

—魯米[1]

星期一早上

於內在旅程的初期，我已明白星期一早上的失望這現象往往在令人振奮的週末退修後出現。經過兩天的高漲後，回到工作時，我的精神不振。面對「現實世界」中生活的要求，我以為自己已經取得的內在進展，顯得好像幻覺；我以為自己已經找到的新我，好像幻影一樣消失。

但現在我明白，那些失望只是部分源於工作世界的嚴峻，以及我缺乏靈性上的耐力。我參加的退修會雖然是用心良苦，但安排卻是令人沮喪的。它們由一種關乎逃避多於參與的靈性模塑，給我一種在高峯的經驗，是那麼稀薄，以致不能維持多久。

信任圈並不將我們帶到高峯，然後令我們失望。它將我們帶到麥比烏斯帶，在那裏，我們從沒有離開地面。我一再聽到參加者說：「我第一次在參加退修會後，沒有感到『興奮』。我倒感到在自己裏面更踏實，在世界中感到更自在。」

我們離開信任圈時，回到工作的地方——或生命的其他場景——更能夠以帶來力量的方式投入其中。我們在那圓圈中實行的內在工作提醒我們，我們正不斷共同創造世界，因此我們毋須成為世界的受害人。現在我們踏入星期一早上，是帶著對一個古老勸誡的新理解：「我將生死禍福陳明在你面前，所以你要揀選生命。」[2]

但我們「揀選生命」時，很快便面對一個文化裏充斥暴力的現實。我所指的暴力，不單是身體的殘暴，這些媒體經常報導的事情。遠為常見的是對人類精神的攻擊。這種攻擊在我們生活中是那麼普遍，以致我們甚至看不到它們是暴力的行為。

暴力在以下情況發生：父母侮辱子女；教師貶低學生；主管視雇員為達到經濟目標的手段，隨時可以丟棄；醫生視病人為物件；人們「奉上帝的名」譴責同性戀者；種族主義者相信膚色與自己不同的人，是比較低等的人。正如身體的暴力可能引致肉體的死亡，靈性的暴力會以其他姿態引致死亡——對自我的意識，對別人的信任，為了創意而冒險，對共同好處的獻身；對於這些都死去。如果要為這種死亡撰寫訃聞，每天的報紙都會十分厚。

在戰鬥和逃跑以外

我所指的暴力，是**任何侵犯別人的身分和正直的方式**。我發覺這個定義是有用的，因為它顯示大小暴力行為之間的重要聯繫——由在世界另一端向平民投擲原子彈，到在課室貶低一個小孩。

我們大部分人都在家裏、課室或工作的地方生活；我們在全球的大戲劇中扮演小角色。但我們在生命的小場景中所作的選擇，對在大世界中發生的事情都有影響，無論是好是壞。即使我們只是默許日常微小的暴力，對這種暴力也會變得盲目，接受流行的瘋狂，認為暴力「是正常的」，被動地同意它的主宰。

在信任圈中，我們得到的其中一份禮物，是有機會看到暴力多麼不正常。在這裏，在喚起「我們本性中更好的天使」的條件下，我們經驗自己的固有能力，去尊重而不是冒犯別人身分和正直。在學習這樣與彼此交往時，我們見證了不起的事情可以發生——在我們裏面，在我們之間，和在我們以外。

在信任圈中，我們學習以「第三條道路」回應世界的暴力。它稱為第三條道路，因為它在「戰鬥或逃跑」這種古老的動物本能以外，給我們另一種選擇。[3] 戰鬥是以暴易暴，產生更多暴力；逃跑是向暴力屈服，將私人的避難所放在共同的好處之前。第三條道路是非暴力的道路，我指的是**獻身於在每個情況中以尊重靈魂的方式行動**。

我從未參加過任何信任圈，是以非暴力作為討論焦點的，但非暴力是我認識的每個信任圈不言而喻的內容。我們為彼此的靈魂創造安全的空間時，發現以非暴力方式生活是甚麼意思，也培養一種遠象，知道在日常生活中可以怎樣以這方式過活。我開始看到，信任圈的原則和實踐可以怎樣輸出到我們世界的其他部分——包括家庭、社區、工作地點和公共領域。現在我們明白一個簡單但重要的真理：第三條道路不是崇高的英雄主義，只留給好像甘地（Mohandas Gandhi）和馬丁．路德．金（Martin Luther King, Jr.）這樣的人。走上這條路的，可以也必須是你和我這樣的平凡人。

事實上，走第三條路好像真正的走路，它表示邁出簡單的步伐，一步一步地走，走出尊重靈魂的步伐。這裏有三個簡單的例子闡述我的意思。它們是重要的，因為它們涉及一些事情，是個人或機構都可以進行的。而且它們全都來自工作地點，是我們生命的其中一個小場景，但很多人在這場景中發現自己的身分和正直都遭受侵犯。

我認識一些人，他們受到信任圈啟發，找到新方法參與機構作決定的過程。以前他們很快會反對同事間任何「堅持錯誤」的暗示，實行對抗；現在他們很可能會就人們的主張提出誠實、開放的問題。這些問題邀請人們對話，產生洞見，有時顯示的合一，比人們以為他們擁有的更多。

我認識一些工作團隊的主管，他們受到信任圈啟發，現在開始一些會議時，會邀請人們花幾分鐘分享個人的故事，提出一個跟利害較少關係的問題，容許人們對彼此的生命有多一點認識，幫助減低他們覺得自己可以被取代的感覺。例如這樣的問題：「你曾渡過的最好的假期是怎樣的？」或者「你出來工作，以甚麼方式賺到第一筆錢？」，或者「不用工作時，你認為怎樣才算好好地過了一天？」。

我知道有一個很大的健康護理系統，那裏的行政總裁受到信任圈一個主要的原則啟發，在機構內創造安全的空間，讓雇員可以說出真話，而又不會受到懲罰。後來她的機構贏得一個品質方面的獎項，是他們渴望已久的。這主要是因為這個沒有責備的領域，讓醫生和護士可以報告自己的錯誤。行政總裁說：「人們報告的一半事項，直接帶來系統的改善。」她自己以前也是護士，「曾經沒有報告自己在給病人藥物時所犯的錯誤」。[4]

如果我們想走第三條道路，重要的是看到這些步伐可以多麼簡單。但同樣重要的是，要看到這些步伐不如它們看起來那麼簡單！在企業文化中提出誠實、開放的問題是嚇人的。這種文化重視速度多於深思，或多於在工作地方引發個人故事，因為在那裏人們謹慎和自我保護，也多於在一個領域中邀請人們說真話，因為在那裏人們習慣掩飾以保護自己和別人。

在這樣的環境中走第三條道路的人，很可能會遇到懷疑、抵抗、鄙視或更糟的對待——這提醒我們，非身體的暴力是多麼普遍。因此，想傳遞非暴力改變的人，至少需要四種資源才能夠生存和持久：對他們想做的事情有健全的理據，進行那事情的一個明智的策略，一個持續的支持羣體，以及讓自己站立在其上的內在基礎。

非暴力的核心理據是簡單和自證的：我們以尊重靈魂的方式行動，因為靈魂是值得尊重的。我們根據這動機行動時，可能會改變世界，也可能不會。但我們總會因為實踐敬畏和尊重而令自己變得更好。

但帶來非暴力改變的人也不乏實際的動機：他們知道，以尊重靈魂作為目的，可以令我們更有能力做好這世界的工作。在會議中提出誠實、開放的問題的人，知道我們一起思想，而不是孤立或對抗時，更可能會作出良好決定。給成員機會明白彼此的生命的主管，知道有個人聯繫的同事一般來說會更富生產力，在面對危機時也更能夠適應。創造沒有責備、說真話的地帶的行政總裁，知道除非人們感到有自由承認和糾正自己的錯誤，否則機構便不能改善。

帶來非暴力的人需要的第二種資源，是一個能夠帶來改變的明智策略。人們決定藉提出問題而不是爭論來參與作決定時，他們的「策略」只是以能力和開放的心扮演這新的角色，示範新的可能性，而又不試圖操控結果。這樣做時，便可能走向合作作決定，不會受到攔阻，因為沒有人留意到有甚麼事情發生！如果機構開始做更好的決定，支持本身的使命，這實踐可能會倍增。

主管認定，講故事可以強化工作團隊時，他們不應突然將這種做法強加給人們。他們應預先分享自己的理念，如果得到足夠的同意，便漸進地引入這實踐，在期間得到更多同意。如果小心和尊重地進行，尊重那些對此感到不自在的人，容許他們不參與，好像講故事這樣「怪誕」的實踐可以成為新的常態，令人們感到別人的注意和更受到重視。

行政總裁決定冒險邀請人們說真話，藉以強化企業的使命時，他們知道這過程必須以他們自己冒險說真話開始。在那個贏得獎項的健康護理系統中，行政總裁承認自己沒有坦承自己的一個嚴重錯誤；這並不是出於偶然的。她的策略是明確和吸引的：領袖說真話，令每個階層的人說真話成為正當的事。

帶來非暴力改變的人的第三個資源，是羣體持續的支持。在這種羣體——在信任圈中——我們不單學習非暴力的原則和實踐。我們花時間與別人相伴，他們能夠支持我們涉足更大的世界，我們可以與他們分享自己的失敗和成功、盼望和恐懼，他們可以幫助我們找到勇氣，走出下一步。

我知道有很多信任圈原本想聚集一兩年。但六年、八年甚至十年後，好些成員繼續定期聚會。他們在圓圈和世界之間來回走動時，學懂以羣體支持的重要，讓他們維持決心過「不再分割」的生活。

最後，帶來非暴力的人需要有內在的基礎讓自己站立。我們不能在「世界的風暴」中走第三條道路而生存，除非我們擁有內在平安的地方，一個信任圈可以幫助我們找到的地方。但那內在的避難所不單是為了讓我們生存；它也是非暴力行動的靈魂基地，對別人也有好處。

提出誠實、開放的問題，邀請別人講述他們的故事，鼓勵機構説真話，不能只是管理的技巧或社交工程（social enginnering）的方法。如果出於渴望操控或控制而實行，以及出於這渴望背後的恐懼而實行，這些做法會是欺詐和具破壞力的行動。但如果開放和善意地進行，這些行動可以引發別人相同的質素。如果我們自己裏面有和平，我們便可以在世界中自己所佔的微小部分締造和平。

站在可悲的縫隙中間

各式各樣的暴力都源自分割的生命，源自我們**裏面**一些裂痕；這些裂痕裂開，成為我們**之間**的分割。但暴力往往不單是個人以內和人際之間的。正如稱為戰爭的身體暴力需要龐大的建制支持，大部分形式的非身體暴力也由建制的安排支持；這些安排容許暴力，甚至鼓勵暴力。

從視非贏即輸的競爭為推動學生學習的最佳方法的大學；到將受苦的病人變成供研究的抽象「客體」的醫學院；到建基於一個觀念，認為只有自己才知道上帝心意的宗教團體；到將資本的權利置於人民的權力之上的經濟組織；到假設強權即是公理的政治組織；到給某個種族或性別優越地位的文化組織——在這一切和更多方面，暴力都交織在我們的集體存在的構造中。

壞消息是暴力在我們生命的每個層面都可以找到。但好消息是我們也可以在每個層面選擇非暴力。但具體來說，非暴力地行動是甚麼意思？答案當然視乎情況而定，一千個不同情況可能產生一千個不同答案。但貫穿所有這些答案，我們都找到一種「心的習慣」（“habit of the heart”）：非暴力地在世界生存，表示學習持守相反的張力，相信這張力本身會將我們的心和思想拉開，通往第三種思想和行動的方式。

我們必須特別學習持守當下的**現實**和更好的事情**可能**浮現之間的張力。例如：在商業會議上，我指的是我們陷入僵局的事實，以及可能找到比手頭上任何方法都更好的解決辦法之間的張力。在後九一一的世界，我指的是我們事實落入無止境的戰爭循環，以及有天可能活在和平的世界之間的張力。

當然，找到我們現時困境以外的第三條路，在理論上是可能的，但在實際生活中往往顯得不大可能。在充滿競爭的商業會議中，一個更好的解決方法可能存在，但自我、時間和底線的壓力，令我們不大可能找到這種解決方法。在戰爭的世界，和平可能是我們的夢想，但貪婪、恐懼、憎恨和末日武器這殘酷的現實，很快將夢想變成妄想。

非暴力的核心的洞見是，我們活在可悲的縫隙中——那是事情的現狀和我們知道事情可以怎樣之間的縫隙。這縫隙不曾，也永遠不會消失。如果我們想過非暴力的生活，我們必須學習站在這可悲的縫隙中，忠心地持守著現實和可能之間的張力，盼望向第三條道路開放。

對於活在這縫隙中的困難，我不存有任何幻想。雖然我們可能嘗試緊抓現實和盼望，我們往往發覺這張力實在太難持守，於是我們放棄其中一端，倒向另一端。有時我們屈從於事情的現況，變得犬儒地抽離。有時我們走向逃避主義的虛幻，浮在磨難之上。曾經被拉到這兩個極端，我嘗試明白原因何在。

在我裏面深處，有一種比「戰鬥或逃跑」更原始的本能，而我認為不單我是這樣。作為一個物種，我們對任何張力都十分不耐煩，想盡快將所有張力消除。

例如：我們開會，在其中必須作決定。我們談話時，明顯看到大家對那件事有不同意見，我們聆聽不同選擇時，變得愈來愈沮喪。我們對持守互相衝突的觀點產生的張力感到不自在，想「繼續前進」，於是提出那問題，進行表決，讓大多數人決定應該怎樣走。

張力消除了，或者似乎是這樣。但藉著將探討縮短，我們不給自己機會，藉著容許相反的觀念彼此豐富，彼此擴闊，直到新的遠象浮現，從而找到更好的方法。而藉著讓大多數人決定我們應該走哪條路，我們往往將張力推到地底，製造充滿怨恨的少數派，令他們致力推翻我們認為大家已經作出的決定。

有時，我們要盡快消除張力的本能，在一個大得多的舞台上演。當人們清楚知道二○○一年九月十一日發生了甚麼事後，美國人陷入施加於我們身上的暴力，以及我們會怎樣回應之間的張力中。當然，結果從來都是毫無疑問的。我們會以暴力對待罪犯來回應，或者以暴力對待被變為好像罪犯的替身的人，因為這就是民族國家所做的事。

但我們有其他選擇：我們可以將那張力維持更長時間，容許它使我們向更給予生命的回應開放。如果我們這樣做，我們可能已經開始明白，美國在九一一感到的恐懼，是世界上很多人的家常便飯。這個洞見可以加深我們對全球的同情。這種同情可以幫助我們在國際羣體中成為更富憐憫和更負責任的公民，改變我們國家的一些政策和實踐；那些政策和實踐令遠方的人民每天都感到恐懼。而這樣的行動可能令這世界對每個人，包括我們自己，都成為一個更安全的地方。

如果我們將那張力保持得更久，我們可能向科芬（William Sloane Coffin）提議的那些行動開放。這些行動將我們置於現實和可能的縫隙之中：

> 我們會回應，但不是以牙還牙。我們不會試圖要其他地方無辜的受害人死亡，藉以為無辜死去的美國人報復，以免我們成了我們憎惡的人。我們拒絕將暴力的循環升級，帶來更多死亡、破壞和剝奪。我們會做的，是與其他國家結盟。我們會分享情報，凍結資產，在國際許可下強制引導恐怖分子。〔我們會〕盡一切努力看到公義彰顯，但卻是以法律的力量，而不是武力的法則。[5]

我們沒有持守張力，向好像這樣的選擇開放，而是讓自己陷入「戰鬥或逃跑」的困局中。由於「美國人永不轉身逃跑」，所以我們戰鬥。我寫到這裏時，我們仍然在戰鬥。但今天我們並不比二○○一年九月十二日那天感到更安全。我們只是屈從於恐懼。

心碎時

在大小事務中，為甚麼我們討厭持守張力？表面看來，答案似乎是清楚的：持守張力令我們顯得不確定和猶疑不決。無論是在商業會議還是全球舞台，我們都想顯得有力，而不是懦弱。我們也想勝利。於是我們盡快進行投票，或者派出軍隊。

「站在可悲的縫隙中」在我們中間是不受歡迎的，因為它與那種權力的自大——深深植根於我們自我和我們文化中的——有矛盾。這自大從哪裏而來？我認為答案是恐懼。我愈感到不安全，便傾向變得更自大；而我認識的人中，最自大的是那些感到最不安全的人。我們持守張力時，自大的自我並不喜歡，它害怕如果我們打輸了手頭的戰爭，它會失去它的地位。

至少在表面上，我們對張力的恐懼是這樣。但恐懼總是有層次的，只有在我們接觸它的底部時，我們才能夠明白它。最終，驅使我們盡力盡快解除張力的，是對如果我們持守張力太長時間，它會使我們心碎的恐懼。

這個恐懼的基礎層次是我感興趣的地方，原因至少有兩個。它比自我對顯得糟糕或失敗的恐懼，能夠在我裏面引發更多對自己和對別人的同情。而這種糟糕和失敗似乎是哀傷和可憐的。而內心對破碎的恐懼不是想像出來的：長時間持守有力的張力，可以而且往往是心碎的經驗。

但至少有兩種方法去理解我們心碎有甚麼意思。一種是想像內心碎成碎片，分散四周。大部分人都認識這種感覺，我們也想避免這命運。另一種是想像內心破開，產生新的能力。這個過程並非沒有痛苦，但卻是我們很多人都歡迎的。我站在現實和可能性之間那可悲的縫隙時，稱為我的心這細小、好像我緊握的拳頭般的物體可以破開，有更大能力容納我自己和世界的苦難和快樂，絕望和盼望。

如果你需要這些選擇的見證，與一個青少年的父母談話吧。父母往往發覺他們站在那可悲的縫隙中，在對孩子的盼望以及在孩子生命中實際發生的事情之間。如果父母不能持守這張力，他們會走向其中一方，緊抓一個關於他們的「寶貝」是誰的理想化幻象；或者會以充滿怨恨的犬儒拒絕這「令他們痛苦的事」。兩種回應方式對所有有關的人都會帶來死亡。

但很多父母都會見證，藉著站在那可悲的縫隙中，並持守那張力，他們不單可以好好對待孩子，自己也變得更開放，更有知識，更有憐憫。舒馬赫（E.F. Schumacher）把這幅圖畫描述得很好：

> 在我們一生，我們都面對調和兩極的任務。但根據邏輯的思想，這兩極是不能調和的……在教育中，我們怎樣調和自由和紀律的要求？事實上，無數母親和教師這樣做，但沒有人寫下一個解決方案。他們將屬於更高層次的力量帶到那景況中，在那裏兩極被超越。那力量是愛的能力……分歧的困難迫使我們將自己拉到超越自己的層面；這些困難要求一些來自更高層次的力量，因而也激起這種力量的供應，從而

將愛、美、良善和真理帶到我們生命中。[6]

如果你需要一個家庭味道沒有那麼重的例子，證明持守張力可以破開內心，可以提出任何以獻身於真理和公義、愛和饒恕而聞名的人作為例子。我不能想到任何配合這個描述的人，是沒有終生處於那可悲的縫隙中，被世界的現實和人類可能性的遠象撕裂的。簡單來說，這是達賴喇嘛（Dalai Lama）、昂山素姬（Aung San Suu Kyi）、曼德拉、多樂茜．戴（Dorothy Day）、馬丁．路德．金、帕克斯和一行禪師（Thich Nhat Hanh）以及很多其他人的故事。好像他們那樣的心，已經廣大破開了，支持我們所有人可能有更好的將來。

心裏有著這些形象——一百萬個無名父母和幾位帶來非暴力改變的世界著名人士的形象，我想重訪自我的恐懼——對持守張力會令我們顯得軟弱，也令我們得不到結果的恐懼。正如有名和無名的人都證明，這恐懼得不到證據支持：那些實現最大的善的人，是有最大能耐站在可悲的縫隙中的人。當然，我們持守張力，而不是進行投票或派出軍隊時，結果會來得較慢。我經常聽到一種論證說，有些問題在實踐或道德上是那麼迫切，以致在行動前持守張力，不單沒有效率，更是不負責任。

有時事實可能是這樣——但並非總是這樣。正如所有重要問題一樣，我們應該多快地行動，是需要辨識的。讓我們考慮武爾曼（John Woolman, 1720~1772）的情況。他是貴格會會友，在新澤西（New Jersey）的殖民地中生活。他是裁縫，在貴格會的農民和商人中間生活，這些人的財富很大程度上倚賴奴隸的勞力。但武爾曼得到來自上帝的啟示，知道奴隸制度是可憎的，貴格會會友應該給奴隸自由。

長達二十年，武爾曼付出很大的個人代價，獻身於與貴格會會友分享這啟示，每一步都「身體力行」。他到訪一個偏遠的牧場分享他的啟示時，會禁食而不吃由奴隸預備或奉上的食物。如果他無意中從奴隸的勞動中得益，他會堅持付款給那奴隸。

貴格會的仝人並非總是歡迎武爾曼的信息。他們以前和現在都和任何人一樣，擅長過分割的生活。正如貴格會一句自嘲的妙語說：「我們來到這個國家要做好事，但結果卻過得很好。」如果這些舒適的貴格會紳士接受武爾曼的信息，他們需要在財政上作出犧牲。

武爾曼從一個市鎮走到另一個市鎮，從一片農地走到另一片農地，從一個會議走到另一個會議，說出他的真理，站在貴格會「每個人裏面的上帝」這個異象和貴格會蓄奴這個現實之間那可悲的縫隙中時，持守著一種可怕的張力。但長達二十年，他都持守著這張力，直到貴格會會友達成共識——他們需要給奴隸自由。

從某個層面來說，這是基督徒羣體擁抱邪惡，依附邪惡太長時間的故事。但貴格會是這個國家最早給奴隸自由的宗教羣體，他們在內戰之前差不多八十年已經這樣做。一七八三年，貴格會羣體要求美國國會糾正那些由奴役人類引致的「複雜邪惡」和「不公義商業」。[7] 從一八二七年開始，貴格會會友在發展地下鐵路方面都扮演重要的角色。

貴格會會友在美國歷史早期便站穩反對奴隸制度的立場，部分是因為武爾曼這個人願意持守現實和可能性之間的張力。但重要的是，我們要留意，整個貴格會羣體也願意持守這張力，直到他們向在世界中以一個更整全的方式生存開放。他們拒絕屈從於過早解除張力的衝動，不將武爾曼驅逐，也不投票容許支持奴隸制度的大多數人得逞。相反，他們讓現實和可能性之間的張力破開他們集體的心，令這顆心向公義、真理和愛開放。

有一個古老的哈西德（Hasidic）故事，告訴我們這種事情怎樣發生。學生來到拉比那裏問：「為甚麼妥拉吩咐我們『將這些話放在心**上**』？為甚麼它不吩咐我們，將這些話放在心**裏**？」拉比回答說：「那是因為按我們的現況，我們的心是緊閉的，我們不能將神聖的話放在心裏。於是我們將這些話放在心上。這些話留在那裏，直到有一天，那心破開，那些話便落入心裏。」[8]

信任圈中的張力

我們坐在信任圈中時，得到一個接一個將相反事物持守在張力中的經驗，這些經驗慢慢破開我們的心，令它們的容量更大。以下是一些我們在信任圈中學習持守的張力；這張清單只是總結了我們已經探討過的課題：

- 我們聆聽別人的困難時，不跳到修正或拯救：我們持守那張力，給那人空間聆聽自己內裏的教師。我們學習既不入侵，也不迴避彼此生命的現實，而是找出與彼此同在的第三條道路。
- 我們創造一種形式的羣體，是由「第三種東西」協調的。這些詩、故事和藝術品，容許我們以比喻持守富挑戰性的問題，令它們不能退化成由傳統的辯論強加給我們的支持或反對的選擇。
- 我們的談話永遠不涉及說服彼此做或不做甚麼的努力。相反，每個人都從自己的中心向圓圈的中心說話，在那裏，我們持守編織「真理的織錦」涉及的張力時，我們的探討可以帶我們去到更深的層面。
- 信任圈中的真理既不在於某種永恆不變的外在權威，也不在於每個人短暫的信念。它在於我們之間，在於永恆的對話那張力中。在那裏，我們認為自己所聽到、來自裏面那真理的聲音，可以由別人認為自己所聽到的真理的聲音核實和平衡。

以這些和更多其他方式，信任圈令我們走向一種相互的交往，是尊重靈魂，又幫助我們超越「戰鬥或逃跑」的。這些方式開放那可能性，讓我們在日常生活中走第三條道路。以下是另一個現實世界的故事，講述這事怎樣發生。

吉姆（Jim）是公立學校的教師，他以反對高風險測驗（high-stakes testing），以及有力地為自己在這問題的立場爭辯，而在同事中聞名。他加入一個為期兩年的信任圈，很大程度上是因為經過二十年教學生涯後，他開始感到耗盡。這個圓圈沒有改變吉姆怎樣看高風險考試的價值，但卻教導他更深刻地聆聽在很多事情上與他意見不同的人。他這樣做時，發覺自己的心破開了。

他的圓圈結束後兩年，吉姆決定參選學校中負責推行聯合高風險考試政策的委員會主席一職。他仍然強烈反對這政策。但他現在看到，那些職員需要有一個安全的空間，讓不同意見可以得到尊重——如果他們要找到前進的路，而又不會破壞學校、大家和孩子的話。吉姆在選舉中勝出。在他領導下，委員會協助推行這政策，令幾乎每個有關的人都感到自己受到尊重。

這個故事的兩個特點值得注意。首先，吉姆提名自己角逐這職位，顯示他的自我理解在信任圈中多麼深刻地得到轉化。在不失去自己熱誠的信念下，他現在看到自己的主要召命是持守張力，而不是製造張力；是搭建橋梁，而不是築起圍牆。第二，吉姆的同事選他擔任那個職位，顯示他的轉化對他們是多麼清楚。「以前的」吉姆永遠不會獲選接受這樣重要的職位，因為他的同事不會信任他能夠為不同的觀點和聲音保存一個安全的空間。

在人們未知道吉姆會參選前，有人問他：「在那兩年的信任圈中，發生在你身上的最重要事情是甚麼？」他快捷和清楚地回答，而他的答案指出走第三條道路需要的內在質素。他說：「透過那些退修會，我重新發現一種內心的慷慨，並逐步欣賞受苦。」

甚麼聲音說出這樣的話？不是理智的聲音；理智的聲音只談及事實和理論。也不是情感的聲音；情感的聲音只談及快樂和憤怒。亦不是意志的聲音；意志的聲音只談及努力和結果。也不是自我的聲音；自我的聲音只談及自負和羞恥。我認為，只有靈魂能夠說出那樣的話。

靈魂是慷慨的：它接受世界的需要。靈魂是明智的：它忍受而又不封閉起來。靈魂是有盼望的：它以不斷開放我們的心的方式與世界交往。靈魂是有創意的：在可能打敗我們的現實和只是逃避的幻象之間，它找到一條路。我們需要做的只是拆除那圍牆——它將我們與自己的靈魂分隔，並從世界奪去靈魂的更新力量。

ઈ

我想了很久才寫下「我們需要做的只是」這句話，因為這令我們的任務顯得很簡單。在我一生中的大部分時間，拆除圍牆都是完全不簡單的，即使現在，我有時也感到這樣做是困難和危險的。但在近年，我有更多日子，是「拆牆」顯得容易的。在這些日子，我對為甚麼在以前拆牆是那麼困難感到迷惑。

我問自己為甚麼這樣時，答案在鏡子中：我年紀大了！隨著年紀漸長，有些事情變得較容易，但當然不會令一切都變得更容易。我現在發覺很難安睡一整晚，很難記得我到樓上要做甚麼，很難鼓起「同時處理多個任務」的力量，很難開始並完成一本書……

但其他事情確實變得容易了，而其中一件是成為我自己。年齡奪去我偽裝和推動我偽裝的精力。我感到不再那麼需要試圖欺騙任何人，並更需要在自己有生之年在這裏成為自己。這些日子，我感到這年歲的恩賜是大有祝福的日子；我可以站在世界，好像大石上的細葉松，有來自成為自己那種簡單的正直。

奧利弗有一首名叫〈死亡來到時〉(“When Death Comes”)的詩，我最初在一個信任圈中讀到這首詩。[9] 現在這首詩已經陪伴了我十年，部分是因為那「獨處的羣體」為我開啟這首詩，也有部分是因為它清楚地向我現時的景況説話。

這首詩開始時提供一個接一個的死亡意象——「秋天一隻飢餓的熊」、「麻疹」、「肩胛骨之間的冰山」。這些意象在任何否定死亡的讀者面前，都好像一盆冷水。接著這首詩內容突然一轉——以「因此……」這個詞語作為標記，接著是一連串帶來生命的選擇，是我們在擁抱自己的死亡時可以抉擇的。這一連串選擇生動地描述不分割的生命：

當死亡來到時
如秋天一隻飢餓的熊；
當死亡來到並於錢包取出所有閃亮的硬幣

買我，並啪一聲把錢包關上；
當死亡來到時
如麻疹

當死亡來到時
如肩胛骨之間的冰山，

我要滿心好奇地走過那扉門，猜想：
那黑暗的小屋會是怎樣的？

因此我看著一切
當為兄弟和姊妹，
我看著時間，視之只是一個觀念，
我視永恆為另一個可能，

我以每個生命為一朵花，平凡
如田野的雛菊，也獨一無二，
每個名字都是口中令人愉快的音樂，
好像所有音樂那樣，傾向靜默，

每個身體都是充滿勇氣的獅子，並一些
對大地是寶貴的。

一切完結時，我想說：我一生
我是嫁給驚訝的新娘。
我是新郎，將世界擁入臂彎。

一切完結時，我不想疑惑
我有否令我的生命特別，和真實。

我不想發覺自己歎息、恐懼，
或者充滿爭辯。

我不想最終只是到過這世界一遊。

我們擁抱自己會死這簡單的事實時，也擁抱真我。以新的清晰度知道生命的恩賜只賜給我們一段時間，我們選擇過「不再分割」的生活，只因為不這樣做是愚蠢的。我們以這個選擇來生活時，以新的清晰度看到我們周圍的生命「對大地是寶貴的」，而我們找到愈來愈多方法，尊重我們和每個會死的造物裏面的靈魂。

註釋：

1. Rumi, " Quatrain 158, " in John Moyne and Coleman Barks, trans., *Open Secret: Versions of Rumi* (Santa Cruz, CA: Threshold Books, 1984), 36.
2. 申命記三十章 19 節。
3. 我在越戰期間第一次聽到「第三條道路」這句話，那是與佛教徒嘗試令戰爭雙方走在一起的努力有關的。在最近期，我在 Walter Wink, " Nonviolent Resistance: The Third Way " 中看到這句話。這篇文章刊登在 Wider Quaker Fellowship 的刊物中，在二○○二年冬季的 *Yes! A Journal of Positive Futures* 中重刊，在那裏的標題是 " Can Love Save the World? "。
4. David S. Broder, " Promising Health Care Reform Passes Almost Unnoticed, " *Washington Post*, Apr. 9, 2003.
5. William Sloane Coffin, " Despair Is Not an Option, " *Nation*, Jan. 12, 2004.
6. E.F. Schumacher, *Small Is Beautiful: Economics as if People*

Mattered (New York, NY: HarperCollins, 1973), 97~98.

7. 參http://www.rootsweb.com/~quakers/petition.htm。
8. 我從哲學家兼作家尼德爾曼（Jacob Needleman）那裏聽到這個哈西德的故事，友善的他為我將這個故事寫下來，讓我可以準確地重述故事。
9. Mary Oliver, "When Death Comes," in *New and Selected Poems* (Boston, MA: Beacon Press, 1992), 10~11.

附錄

Maybe

Mary Oliver

Sweet Jesus, talking
his melancholy madness,
stood up in the boat
and the sea lay down,

silky and sorry.
So everybody was saved
that night.
But you know how it is

when something
different crosses
the threshold – the uncles
mutter together,

the women walk away,
the young brother begins
to sharpen his knife.
Nobody knows what the soul is.

It comes and goes
like the wind over the water –
sometimes, for days,
you don't think of it.

Maybe, after the sermon,
after the multitude was fed,
one or two of them felt
the soul slip forth

like a tremor of pure sunlight
before exhaustion,
that wants to swallow everything,
gripped their bones and left them

miserable and sleepy,
as they are now, forgetting
how the wind tore at the sails
before he rose and talked to it –

tender and luminous and demanding
as he always was –
a thousand times more frightening
than the killer storm.

作者簡介

帕克．帕爾默（Parker J. Palmer）創立了全國的「勇氣及更新中心」（Center for Courage & Renewal；www.CourageRenewal.org），也是中心的資深合夥人，監督「教導的勇氣」（"Courage to Teach"）、「領導的勇氣」（"Courage to Lead"）及「信任圈」課程。這些課程是為服務界專業人士（包括教育、醫療、事奉、法律和慈善事業）和其他行業人士而設。帕爾默在全美高等教育協會（American Association of Higher Education）擔任了十五年高級會士，現在是費茲研究院（Fetzer Institute）的高級顧問。

他是個作家、到處講學的教師和活動家。他專注於教育、羣體、領導、靈性和社會改革等課題。他的著作深刻地向各式各樣的人説話，包括公立學校、學院和大學、宗教機構、集團、基金會和草根羣體。

他出版了十二首詩，超過一百篇文章和七本書，包括幾本暢銷和得獎作品：《讓生命發聲》（*Let Your Life Speak*），《隱藏的整全》（*A Hidden Wholeness*），《弔詭的應許》（*The Promise of Paradox*），*The Courage to Teach*，*The Active Life*，*To Know as We Are Known* 和 *The Company of Strangers*。

帕爾默的工作得到肯定，為他贏得十個榮譽博士學位，兩個來自全國教育出版聯會（National Educational

Press Association）的傑出成就獎，一個來自美國基督教會新聞業協會（Associated Church Press）的卓越獎項，以及來自丹佛斯基金會（Danforth Foundation）、莉莉基金會和費茲研究院的主要贊助。

一九九三年，帕爾默獲得獨立大學高等教育傑出貢獻局（Council of Independent Colleges for Outstanding Contributions to Higher Education）的全國獎項。

一九九八年，領袖計劃（Leadership Project）對全國一萬名行政人員和院系人員進行調查，稱帕爾默為高等教育中「最有影響力的三十位高級領袖」之一，也是那十年間「十位議程確立人」之一，表示「他以對羣體、知識和靈性整全引人共鳴的遠象，啟發了一代教師和改革者」。

二○○一年，卡爾頓學院（Carleton College）頒發傑出校友成就獎（Distinguished Alumni Achievement Award）予帕爾默。

二○○二年，畢業後醫學教育認證委員會（Accreditation Council for Graduate Medical Education）創立「帕爾默教學勇氣獎」（"Parker J. Palmer Courage to Teach Award"），每年頒發獎項給十個醫學實習計劃，表揚醫學教育中以病人為中心的專業精神。

二○○三年，美國學院人事協會（American College Personnel Association）授予「鑽石受獎人」（"Diamond Honoree"）稱號給帕爾默，表揚他在學生事務方面的傑出貢獻。

二○○五年，喬斯—巴斯出版 *Living the Questions: Essays Inspired by the Work and Life of Parker J. Palmer*，這本書由不同行業的傑出從業員撰寫，包括醫藥、法律、人道事業、政治、經濟發展和 K-12 及高等教育。

帕爾默在帕克萊的加州大學（University of California）取得社會學博士學位。他是公誼會（貴格會）的會友，他與太太沙倫．帕爾默居住在威斯康辛州（Wisconsin）的麥迪遜（Madison）。

鳴謝

感激：節錄自“Stone”by D. M. Thomas in John Wain, Ed., *Anthology of Contemporary Peotry: Post-War to the Present* (London: Hutchinson & Co., 1979), 27。承蒙允許使用。

引子：自“The Future”by Leonard Cohen。THE FUTURE-100%, OC/OA: LEONARD COHEN. OP: SONY/ATV SONGS LLC. OP: SONY/ATV MUSIC PUBLISHING (HONG KONG)。承蒙允許使用。

第二章：“As Once the Winged Energy of Delight”, 譯自 Stephen Mitchell copyright © 1982 by Stephen Mitchell, from *The Selected Poetry of Rainer Maria Rilke* by Rainer Maria Rilke, translated by Stephen Mitchell。承蒙允許使用。

節錄自“Someone Digging in the Ground”, by Rumi in Coleman Barks and John Moyne, trans., *The Essential Rumi* (San Francisco, CA: HarperSanFrancisco, 1995)。Used by permission of Coleman Barks。

第三章：節錄自“Maybe”。Copyright © 1990 by Mary Oliver。Originally pubished in: *House of Light*, Beacon Press, Boston。承蒙允許使用。

節錄自“Little Gidding” in FOUR QUARTETS, copyright 1942 by T.S. Eliot and renewed 1970 by Esme Valerie Eliot。譯文選自《荒原：艾略特文集 · 詩歌》上海譯文出版社 2012 年出版。承蒙允許使用。

第四章：節錄自“I Have Such a Teacher”, by Rumi in Coleman Barks and John Moyne, trans., *The Essential Rumi* (San Francisco, CA: HarperSanFrancisco, 1995)。Used by permission of Coleman Barks。

第五章：“Lover After Love” from COLLECTED POEMS: 1948~1984 by Derek Walcott. Copyright © 1986 by Derek Walcott. Reprinted by permission of Farrar, Straus and Giroux, LLC.

第六章：節錄自“Now I Become Myself” by May Sarton in *Collected Poems, 1930~1993*。Reprinted by the permission of Russell & Volkening as agents for the author。Copyright © 1958 by May Sarton, renewed 1986 by May Sarton。

第七章：節錄自“A Ritual to Read to Each Other”, 75~76, copyright 1960, 1998 by the Estate William Stafford。Reprinted from *The Way It Is: New & Selected Poems*, with the permission of Graywolf Press, Saint Paul, Minnesota。

第九章：節錄自“Walking to Oak-Head Pond, and Thinking of the Ponds I Will Visit in the Next Days and Weeks” in *What Do We Know* by Mary Oliver。Copyright © 2002 by Mary Oliver。Reprinted by permission of Da Capo Press, a member of Perseus Books Group。

第十章：節錄自 “Quatrain 158”, by Rumi in Coleman Barks and John Moyne, trans., *The Essential Rumi* (San Francisco, CA: HarperSanFrancisco, 1995)。Used by permission of Coleman Barks。

節錄自“When Death Comes”。Copyright © 1992 by Mary Oliver。Originally published in: *New And Selected Poems,* Beacon Press, Boston。承蒙允許使用。

附錄：“Maybe”。Copyright © 1990 by Mary Oliver。Originally published in: *House of Light*, Beacon Press, Boston。承蒙允許使用。